Domingo Caratozzolo

VÍNCULOS VIOLENTOS EN FAMILIA

HomoSapiens EDICIONES

Caratozzolo, Domingo
Vínculos violentos: en familia / Domingo Caratozzolo.
- 1a ed. - Rosario: Homo Sapiens Ediciones, 2019.
196 p.; 20 x 14 cm.

ISBN 978-987-771-038-0

1. Psicología. 2. Modalidades de Violencia de Género.
3. Violencia de Género. I. Título.
CDD 158.24

Sarmiento 825 (S2000CMM) Rosario | Santa Fe | Argentina
Tel: 54 341 4243399 | 4253852 | 4406892
editorial@homosapiens.com.ar
www.homosapiens.com.ar

ISBN 978-987-771-038-0

Este libro se terminó de imprimir en octubre de 2019
en **Gráfica Amalevi S.R.L.** | Mendoza 1851/53
2000 Rosario | Santa Fe | Argentina

A Sylvia

Índice

1

La pareja: de la distancia a la simbiosis

El amor quiere acortar toda distancia.
Sin embargo, si el espacio y la separación
fueran eliminados, no existirían ni la
persona amada ni la que ama.
JOHN BERGER, *Páginas de la herida.*

Si representamos a cada uno de los integrantes de una pareja mediante un círculo, podemos representar la proximidad-distancia que mantienen entre sí, lo que nos revela algunas de las características de su manera de vincularse.

Acerca del vínculo

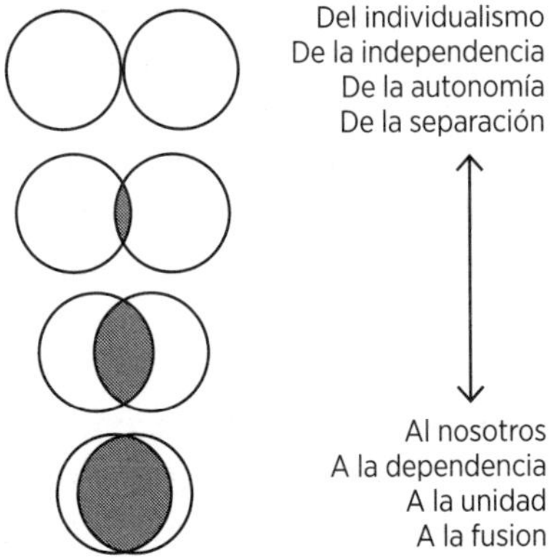

Como vemos en este gráfico, el espacio correspondiente al nosotros de la pareja superior, puede ser muy reducido. En la del extremo inferior, el espacio común adquiere mucha importancia, mientras que el espacio individual no compartido es mínimo. Estos dos ejemplos serían los extremos de un continuo dentro del cual podemos ubicar a todas las parejas.

Las parejas mencionadas en primer término privilegian de tal modo la individualidad, defienden tan a ultranza su identidad, es tal su temor a perderse en el vínculo, que impiden el aporte del otro integrante al enriquecimiento individual. Constituyen parejas que no comparten proyectos comunes. En estas cada uno de sus integrantes tiene plena libertad para desarrollarse individualmente, pero no hay lugar para que esto ocurra en el vínculo, pues este no es tenido en cuenta. Organizan una relación donde, como las vías de un tren, marchan siempre una al lado de la otra pero sin tocarse.

La individualidad puede ser entendida como baluarte narcisista o como derecho a la libre elección y a la autonomía propia y del otro; algunos sujetos experimentan una vivencia de amenaza para el yo ante el riesgo de un compromiso emocional intenso, lo que los lleva a elecciones amorosas con un compromiso emocional mínimo, suficiente para ayudarles en su desempeño social, pero no tan intenso como para poder provocarles un quebrantamiento psíquico. Se eligen objetos poco satisfactorios, pero también poco poderosos.

Es indudable que la mayor tensión parece establecerse entre la autonomía de cada uno y la renuncia que implica toda pertenencia a una configuración vincular.

Las parejas mencionadas en segundo término, aquellas que prácticamente se funden en el nosotros, son parejas que han eliminado su vida individual en pos de una entrega casi total al vínculo. Si bien al principio de toda relación entre enamorados se cristalizan estos deseos de hacer uno de dos como en los tiempos en que el feto era uno con la madre, o como en los primeros tiempos del maternaje, es deseable que este primer momento pueda modificarse gracias al reconocimiento del otro como tal, lo cual permite la progresión del vínculo de lo endogámico a lo exogámico.

El mantenimiento de este tipo de relación implica un borramiento del sujeto psíquico como autónomo, para formar parte de una entidad que, si bien lo integra, también lo anula. Este privilegiar el nosotros en detrimento del yo es una verdadera mutilación, empobrece al sujeto y también a la pareja impidiendo su desarrollo, así como la adherencia a los vínculos endogámicos y la búsqueda de repetir los mismos obstaculiza al sujeto en la conquista del mundo social.

Piera Aulagnier (1977-1978) dice que los caracteres que definen la libidinización de la madre por parte del niño responden a los caracteres de la relación pasional.

"El objeto de la pasión es un objeto no sustituible, un objeto necesario, porque responde a un deseo que se ha convertido en *una necesidad*.

Por consiguiente, es pasando por una relación pasional que el cachorro de hombre encuentra el amor. Sin duda es esta la razón por la cual encontraremos siempre en el hombre la nostalgia del exceso de placer experimentado en su encuentro con el primer objeto de su pasión, y la angustia que lo invade ante la idea de que, al revivir una relación semejante, podría volver a sentir el exceso de sufrimiento que aquélla le impuso en el momento de su separación."

Volviendo a nuestro gráfico, nos encontramos con dos extremos: por un lado, vínculos muy débiles, en los cuales el nosotros desaparece en beneficio de la autonomía, y por otro lado, vínculos simbióticos donde prevalece el nosotros, sacrificando al sujeto individual. Por supuesto, entre estos dos extremos podemos encontrar muchas configuraciones de pareja en las cuales estos registros se modifican.

Las parejas que privilegian la autonomía de sus miembros permiten a estos conservar y cultivar los lazos familiares, los amigos, el trabajo, la participación en proyectos sociales, los intereses y las diversas aficiones. En el vínculo simbiótico se van dejando de lado, se descuidan o se borran los lazos familiares, las amistades, los intereses, todo lo que sea o constituya un tercero para la pareja.

En un caso, el proyecto de pareja es muy débil, mientras que en el otro es tan fuerte, tan intenso que se dificultan los proyectos individuales. Podríamos decir que en el primer caso el vínculo se ha libidinizado de manera insuficiente. En el otro extremo se ha libidinizado a la pareja casi exclusivamente, dejando de lado otros vínculos.

En las parejas que privilegian el vínculo sobre la autonomía de sus miembros, suelen originarse interminables discusiones por motivos nimios. Así comentaba un matrimonio que sus discusiones podían originarse por la forma de lavar o secar los platos. Es que la proximidad física casi constante que buscan en todos los momentos disponibles posibilita el continuo control sobre el otro. Cada uno de los miembros se quejaba de las críticas constantes de su compañero/a, pretendiendo cada uno de ellos realizar las tareas mejor que el otro, ser más inteligente y más criterioso.

Estos hechos nos muestran el pegoteo existente en este tipo de vínculo, donde cada uno de los integrantes de la pareja da vueltas alrededor del otro como un moscardón, ejerciendo un control de cada uno de sus movimientos, para no permitir que un tercero, en este caso una actividad, se interponga o separe a la pareja. Es una forma de decir "presente" y no ser excluido, aunque sea momentáneamente. Un ejemplo es el del niño que en brazos de su madre no permite que hable con otras personas y, en un gesto clásico, tome entre sus manos el rostro de la madre obligándola a que "sólo tenga ojos para él". Del deseo de restaurar la primera relación, del deseo de reencuentro con el objeto materno perdido surgirá el anhelo de posesión del otro de la pareja, de sentirla como una propiedad privada, única y exclusiva.

Las discusiones constantes e innecesarias cumplen la función de excitar, irritar al otro/a provocando una respuesta que conduce a una interacción violenta. Si bien esta forma de vincularse mediante la discusión y la violencia puede interpretarse ingenuamente como un elemento que divide a la pareja, constituye una manera efectiva de compartir intensas emociones. Si pensamos con Freud que todo vínculo, incluso los más íntimos, constituye una mezcla de amor y odio, no nos sorprende comprobar que esta forma de establecer lazos contenga toda la vida emocional en el interior de la pareja. Las frases que lo explicitan muestran esta simbiosis amorosa: "sos todo para mí", "vivo para vos", "no necesito a nadie más". Contigo vivo todas las emociones.

Cuando el sujeto psíquico libidiniza (y tanatiza) a sus familiares, amigos, instituciones portadoras de ideales, su trabajo, intereses y actividades diversas, hay una distribución de las emociones que libera a su pareja del exceso de convertirse en el único receptor. Pero en el caso contrario, la pareja establece una simbiosis y se convierte en la única destinataria de las pulsiones de vida y de muerte, lo que constituye una desmesura. A estas parejas y a sus actuaciones destructivas vamos a referirnos a lo largo de este libro.

Beck (1986) expresa que: "Tal como muestran diversas investigaciones, son necesarias las dos cosas: la pluralidad de relaciones y la intimidad duradera. Hay personas para quienes la pareja es todo lo que desean, esperando encontrar en la misma todas las gratificaciones, ver colmados todos sus deseos, no necesitar de nadie más. Este propósito (conciente o inconciente) es fuente de desilusión y origina reproches a quien no es capaz de cumplir con esas expectativas. Si bien, como hemos visto, en los primeros momentos de la relación, en el período del enamoramiento, este objetivo parece posible, pues se ha proyectado en el otro el yo ideal, esta ilusión no puede mantenerse por mucho tiempo, pues el examen de realidad va demostrando que el otro no se corresponde con el ideal que se le ha depositado.

Hemos diferenciado dos posturas extremas en la manera de relacionarse de las parejas de acuerdo a la constitución de un nosotros, que en un caso resulta débil y en el otro excesiva. Entre estas dos posturas extremas se encontraría un equilibrio que permita un compromiso con el "nosotros" que no implique la pérdida de la individualidad.

Sabemos por propia experiencia que todos tenemos un sector íntimo, exclusivo e incomunicable. "Esta relación diádica genera y delimita diferentes espacios: uno compartido (sexualidad, hijos simbólicos o reales, etc.), otro no compartido correspondiente al desarrollo y/o actividad individual de los miembros, y un espacio no compartido ni compartible inherente a la intimidad del sujeto" (Brengio y otros, 1985).

ESTAS CONFIGURACIONES SON DINÁMICAS

Estas y cualesquiera otras configuraciones de pareja pueden sufrir alteraciones, pues la vida nos enfrenta continuamente a situaciones distintas: pérdida de familiares, de amigos, mudanzas, cambios de trabajo, nacimiento de hijos, y otros que atentan contra la cristalización de la pareja. Así, el nacimiento de un hijo crea un espacio común en las parejas en las que se privilegia la autonomía y la libertad frente al nosotros. El mismo hecho tiende a romper la simbiosis en aquellas parejas que privilegian el nosotros. Si las parejas del primer caso consultan es porque tienen que compartir un proyecto y se lesiona su nivel de autonomía, las del segundo caso consultan porque hay proyectos individuales que rompen la simbiosis.

Como podemos inferir, el mantenimiento de una relación de pareja está expuesta a tantos avatares, tantos cambios desde que se constituye, es tal su delicado equilibrio, blanco de tantos ataques, que resulta extremadamente frágil.

LA PAREJA, UN OBJETO PRIVILEGIADO

Cuando el niño nace, el primer objeto con el que se relaciona es la madre. No es una elección del mismo, es un objeto que se impone, un objeto necesario, pues sin él el niño es incapaz de sobrevivir. Decimos entonces que el bebé catectiza a la madre, que su libido se dirigirá a ella y la encontrará como única destinataria de su amor. Más adelante, el padre y otros familiares irán recibiendo parte de ese amor, ellos también serán catectizados, así como otras personas ajenas a la familia cuando el niño comienza su vida social, generalmente a partir de su ingreso a la escuela. Y ya convertido en adulto teje una trama de relaciones (amigos, condiscípulos, colegas, maestros, compañeros de trabajo, de deportes, de recreación, etcétera) que pasan a ser igualmente catectizadas, para arribar en la mayoría de los casos a la constitución de una pareja (que puede ser definitiva o transitoria) que adquiere una importancia sobre las demás catectizaciones.

En el gráfico (A) tenemos representado en un círculo al sujeto psíquico con sus múltiples objetos internos, y resaltado y diferenciado al objeto interno pareja, que como observamos tiene mayor importancia que los otros: es un objeto privilegiado. En el gráfico siguiente (B) observamos que este objeto ocupa más espacio que en el anterior, que está más presente y es más influyente en el sujeto, para llegar al último gráfico (C), donde el objeto inunda al sujeto, ocupando toda su psiquis, no dejando lugar para terceros, lo cual es propio de la relación casi exclusiva del bebé recién nacido con la madre, de las parejas pasionales o de los primeros momentos del enamoramiento.

Acerca de lo intrapsíquico
de objeto privilegiado a objeto único

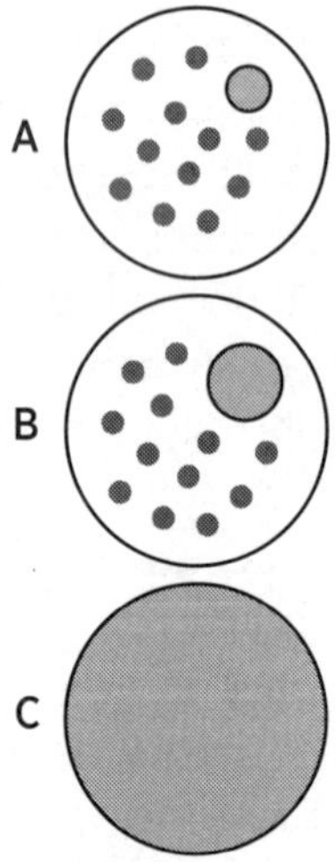

En (A) y (B) el individuo que conforma una pareja conserva sus vínculos anteriores. Es así que continúa la relación con sus padres, hermanos y demás familiares, conserva a sus amigos, sus actividades, sus intereses, sus gustos, su mundo de ideales y sus interacciones sociales en general. La pertenencia a un vínculo –en estos casos– no implica una renuncia a su vida individual ni a sus relaciones del pasado, del presente y de otras que pueda hacer en el futuro. En este tipo de pareja los participantes gozan de libertad y pueden tener opiniones diferentes, todo lo que singulariza a una persona de otra no es sentido como un ataque al vínculo sino como manifestación de la existencia del otro. En (C) tienden a anularse los lazos externos de los miembros de la pareja y su individualidad al servicio de una relación fusional que anula todo vestigio de independencia de sus miembros. El ideal para estas personas es hacer uno de dos.

Es pertinente en este desarrollo señalar la alienación como uno de los recursos para desconocer la alteridad y el sufrimiento que ésta conlleva. Rojas y Sternbach (1994) expresan que desde el punto de vista psicoanalítico, la alienación es una operación propia de la constitución subjetiva. Tomando formulaciones de Lacan, dicen que el sujeto adviene en la relación con otro a través de dos operaciones estructurales: alienación y separación. La segunda conlleva la emergencia subjetiva a partir de un trazo singular y es posible sólo en tanto torsión sobre la alienación primordial. No hay, pues, emergencia del sujeto sino a partir de una alienación constitutiva, condición necesaria y propiciatoria para la construcción de un ser humano cuyos andamiajes de sentido se fundan invariablemente en el campo del Otro. A lo largo de la vida esta operatoria, alienación-separación, continúa reproduciéndose en una insistencia sin fin.

Piera Aulagnier (1979), desde otra perspectiva, se ha referido a la alienación como uno de los destinos posibles del Yo y a sus consecuencias como tendencia tanática a la abolición del pensamiento y la singularidad. Para esta autora la alienación implica la adhesión masiva e incondicional al pensamiento ya pensado por otro –sea éste un texto, una persona o una institución.

La alienación no sería solamente un determinante intrapsíquico, sino que daría a la vez cuenta de una modalidad vincular basada en la identificación y la idealización masivas. Así, la tendencia a matar el pensamiento, presente al mismo tiempo en dos o más sujetos, propendería a la desaparición de todo conflicto y a anular el sufrimiento que conlleva el pensamiento singular. De esta manera, la aniquilación del propio pensamiento se hallaría al servicio de un estado fusional que, si bien objetaliza al sujeto, lo preserva al mismo tiempo del dolor de la diferencia y la soledad. Esta situación, a menudo claramente detectable por un observador externo, permanece no obstante desconocida, tanto por el alienado como por el alienador.

ACERCA DE UNA PIEL VINCULAR

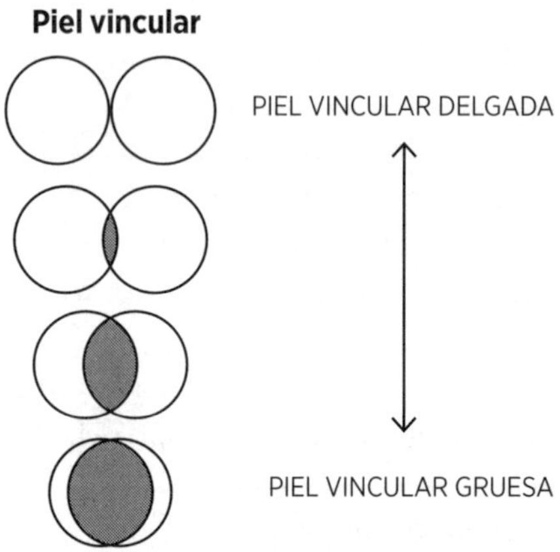

Berlfein y De Moscona (1997) observan que cuando las parejas dicen "es una cuestión de piel" se refieren a algo sensorialmente percibido, cierta simpatía o antipatía por el otro. Un "no sé qué", un plus que no puede ser puesto en palabras.

Didier Anzieu (1980) con su propuesta de un "yo piel" les inspiró a pensar que también en las parejas habría una suerte de piel envolvente del vínculo. La denominaron "piel vincular". Con ella aluden metafóricamente a una envoltura imaginaria que actúa como continente y sostén para ambos miembros de la pareja.

Didier Anzieu habla del yo-piel como envoltura que regula las excitaciones provenientes del interior y del exterior del cuerpo y señala como uno de los descarrilamientos de esta función la angustia del Nirvana ante lo que sería el cumplimiento del deseo de una reducción de la tensión a cero. Consiste en un ligamen con el que se sienten recubiertos y que han ido armando y articulando en conjunto, dando lugar a un encuentro en el que la intimidad portará la marca que cada pareja singular pone en juego. Piel que filtra y limita contorneando lo que es interior a lo que se vuelve exterior al vínculo, y establece los bordes de un adentro y de un afuera.

En el matrimonio, esta envoltura vincular bajo una piel común constituye una especie de revestimiento imaginario promotor de la fantasía de pensarse cobijados y protegidos. Espacio que se erige en una estructura de apoyo, en un lugar confiable. En cambio, durante una crisis o separación abrupta surge la fantasía de ruptura de esa piel con la concomitante vivencia sensorial y emocional de cuerpo fragmentado o desparramado. Sensación de estar en "carne viva".

En las distintas estructuras vinculares o en ciertos momentos vitales esta "piel vincular" opera de modos diversos y sufrirá diferentes vicisitudes. Durante la etapa del enamoramiento, así como también en la estructura fusional, el apego dual hará que esta envoltura adquiera un grosor y una fuerza muy importantes. Permite una unión que, ilusionando una totalidad, actúa como antídoto contra las ansiedades de fragmentación y desestructuración.

En la estructura hiperdiscriminada, esa piel se afina ya que, lejos de ser un continente fortalecedor para los contenidos psíquicos, pasa a ser altamente persecutorio y asfixiante por el temor a quedar apresado en él. Como protección surge la necesidad de tomar distancia para evitar que se repita en el presente aquello que en el pasado resultó angustiante y frustrante.

Todas las personas tenemos un espacio alrededor de nuestro esquema corporal que consideramos una extensión de nuestro propio cuerpo y cuando alguien traspone estos límites sin nuestro consentimiento sentimos una sensación de desagrado, de invasión de nuestra integridad corporal y solemos reaccionar restableciendo la distancia que debe separarnos del otro. Estaría señalando la presencia de un espacio virtual que actúa como un tercero, separando y discriminando la carnadura de uno y de otro.

Todo lo contrario sucede con los enamorados. No escapa a ningún observador que los enamorados suelen pasear tomados de la mano o rodeándose con sus brazos; el deseo de cercanía, de posesión, de hacer uno de dos, tiene su mayor expresividad en el contacto piel a piel que intenta una fusión imposible de los cuerpos, pero que los transforma en un solo cuerpo de pareja con una "envoltura" en común. Cuando un objeto es deseado, queremos eliminar el tercero (espacio) interpuesto. Estos intentos señalan el deseo de penetrar al otro, de confundirse en su interior como antaño con su madre en el seno materno. Cada uno de ellos devendrá un continente para el otro.

Es indudable que el contacto de los cuerpos desnudos es el encuentro más cercano que tienen dos personas que se aman. Según Schilder (1935) la relación con las imágenes corporales de los demás se halla determinada por el factor de la proximidad o lejanía espacial y por el factor de proximidad o lejanía emocional.

También podemos advertir que es muy frecuente que los abrazos y los besos de los enamorados se transformen en pequeñas riñas que se resuelven a través de forcejeos, empujones o golpes sin consecuencias hasta situaciones de extrema agresividad que dan cuenta del ardor y de la necesidad de contacto corporal. Mientras pego, me pego a alguien.

2

Los comienzos del amor

El hombre vive en la nostalgia
de su antigua perfección,
en la añoranza del "paraíso perdido".
SIGMUND FREUD

LA MADRE: EL PRIMER AMOR

Aristófanes, en el "Banquete" de Platón, dice que el amor constituye la búsqueda de la totalidad perdida, de una totalidad que alguna vez fuimos. Relata que al principio eran tres las clases de hombres y no dos como ahora, siendo la tercera una clase común a ambas: los machi-hembras, que en su tiempo eran una realidad visible y con nombre común formado de ambos, de macho y de hembra.

Esos hombres eran redondos, con espalda y pechos dispuestos en círculo, con cuatro manos, con dos rostros perfectamente iguales sobre un cuello circular, una sola cabeza, rostros opuestos, cuatro orejas, dos vergüenzas, etc. Podían caminar recto en ambas direcciones, pero si alguna vez se les daba por correr a toda prisa, podían hacerlo dando volteretas circulares sobre sus ocho miembros.

Eran tan temibles por su robustez y su fuerza, y con pensamientos tan grandiosos en sus mentes, que pusieron manos a la obra de escalar el cielo para encumbrarse sobre los mismos dioses. Para castigar semejante osadía, Júpiter decidió debilitarlos dividiendo a cada uno en dos. Cortada así la naturaleza humana, se dirige una mitad hacia su otra mitad con ansias de unión; los varones que son corte de machi-hembra, son amantes de mujeres y de ellos salen los adúlteros; las mujeres amantes de varones y adúlteras proceden de este mismo tipo. Las mujeres que son cortes de mujer no hacen gran caso de varones y se entienden mejor entre ellas.

Y Aristófanes hace su apología de las relaciones homosexuales: "Empero, los que son cortes de varón van tras los varones; y mientras son jóvenes, por ser nada más recorte de varón, se dan al amor de los varones y les es un placer dormir juntos y abrazarse con ellos; y son éstos los jóvenes mejores y los mejores mozos, puesto que son de naturaleza superlativamente varonil. Tíldanlos algunos de desvergonzados, mas falsamente; que no obran así por desvergüencería; que, más bien, se abrazan con sus homosexuales por valientes, por viriles, por machos".

Cuando cualquiera de estas tres clases tiene la suerte de dar con aquella mitad que es la suya, no quiere separarse ni por un momento y si fuese posible les agradaría hacer de los dos uno solo. Encontramos expresadas en este mito la fantasía de completud humana, de la existencia de una naturaleza primitiva donde cada ser constituye una totalidad autosuficiente, la existencia en una misma persona de las características de ambos sexos; la negación del desgarro, de la falta, que nos empuja a encontrar en el otro distinto y complementario, aunque no sea más que por momentos, esa unidad ansiada que no somos.

El feto vive en una condición en la que no diferencia entre yo y no-yo; en un estado de homeostasis perfecta, sin necesidades, pues estas son automáticamente satisfechas; se encuentra en un estado de perfecto equilibrio y bienestar. A pesar de que no puede reconocer en ese momento de su existencia los dos elementos que constituyen su mundo, o sea, él y la madre, el hecho es que en el futuro, en cada momento de su desarrollo, intentará reencontrar esta situación de bienestar y completud, de perfección y felicidad.

Hacer de dos uno

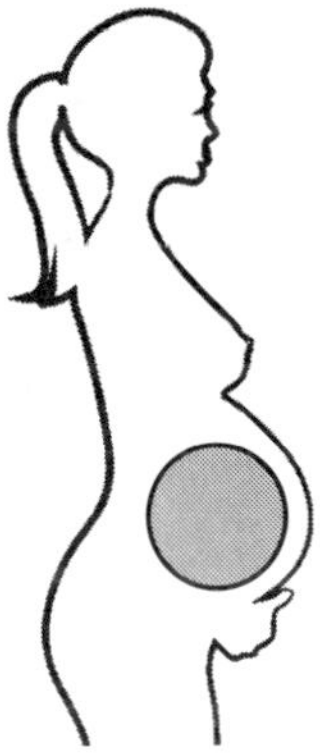

Estas vivencias de su habitáculo prenatal, el bienestar ligado a este recuerdo, la ilusión infantil de omnipotencia, ese estado de fusión perfecta con la madre, la experiencia original de satisfacción basada en la ilusión de autosuficiencia, la felicidad ligada a estos recuerdos de completud y omnipotencia, la unicidad que durante la vida fetal era real, constituirá el deseo de repetición de aquella condición. El hombre vive en la nostalgia de su antigua perfección, en la añoranza del "paraíso perdido", de aquel estado en que él fue "su propio ideal". De este modo el individuo se afana sin sosiego en la búsqueda de esa perfección perdida que jamás podrá alcanzar.

Producido el nacimiento, los cuidados maternales están dirigidos a crear para el niño una situación lo más parecida posible a la que tenía en el interior de la madre, lo cual posibilita que éste pueda continuar su vida extrauterina sin resentirse en este pasaje gradual. Si los bebés duermen mucho es por una necesidad de reproducir en lo posible la vida prenatal, de la que irá apartándose paulatinamente en el curso de su desarrollo.

Es una experiencia común que en situaciones difíciles el adulto se sienta protegido en el seno de su hogar, y en situaciones de mucha angustia acurrucándose en su cama tratando de reproducir la situación intrauterina.

Mientras más avanza el niño en su comprensión de la realidad mejor reconoce su situación de extrema debilidad y dependencia y la necesidad del otro externo a él para poder sobrevivir. Se encuentra con una imagen desvalida de sí mismo que echa por tierra su ilusión de omnipotencia. Este proceso doloroso es necesario para su crecimiento y conlleva un enriquecimiento de su aparato psíquico, al poder establecer, cada vez con mayor claridad, la frontera entre yo y no-yo, que es la fuente de todas las demás distinciones.

En un primer momento, el bebé no diferencia entre yo y mundo externo; él se siente partícipe de un conjunto indiferenciado, abarcativo. Sólo más tarde aprenderá a discriminar entre yo y no yo. Es así que nuestro sentimiento yoico no es sino un empobrecido resto de uno mucho más grandioso que incluye al mundo circundante.

Poco a poco el lactante va discriminando entre su yo y un objeto externo. La experiencia de alimentación le enseña que cuando tiene hambre la satisfacción de la misma es brindada por un objeto exterior a él y que para que acuda a saciar su necesidad deberá convocarlo mediante el llanto. Si bien esta experiencia con el pecho materno no es la única que le posibilitará distinguir entre yo-no yo, la podemos considerar paradigmática.

En el estado prenatal el niño forma una unidad indisoluble con la madre. Es carne de su carne. Todas las necesidades están satisfechas sin reclamarlas ni siquiera con el llanto. Este estado excepcional de unidad con el otro conforma una situación de completud imaginaria (no somos dos, somos uno) que luego se extenderá a los primeros momentos del amamantamiento. En el curso de estas situaciones de plenitud entre el niño y la madre se borran los límites individuales y se reactiva la ilusión de constituir una unidad autosuficiente.

Se gesta así un ideal de vínculo, ideal que de ahora en más se tratará de encontrar en las futuras elecciones de pareja.

El sujeto deberá recorrer un largo camino desde la catectización casi exclusiva de la madre como objeto privilegiado de amor hasta reemplazarla en sucesivos desplazamientos por otra persona que, si bien conserve algunos rasgos o huellas de la misma, se encuentre lo suficientemente diferenciada para permitir la plenitud de un encuentro de pareja. En esta cadena de desplazamientos, los primeros serán los más cercanos al objeto incestuoso: la mujer que sustituye a la madre en el cuidado del niño, una tía, una hermana mayor, la maestra jardinera, serán los eslabones de una larga cadena que alejará al cachorro humano del lecho incestuoso para posibilitar el ejercicio pleno del amor.

Este camino puede deparar obstáculos que impidan una marcha regular y serena. Así, la libido, en su camino progresivo de emigración desde la relación con la madre, puede sufrir deserciones que debiliten sus fuerzas antes de la llegada a la meta y quede fijada al objeto original o a algunos de sus sustitutos.

EL ENAMORAMIENTO

Hablando del enamoramiento Freud (1910) dice que: "se inserta en esa trama infantil el rasgo sobrestimador, que convierte a la amada en única e insustituible; en efecto, nadie posee más que una madre, y el vínculo con ella descansa sobre el fundamento de un suceso a salvo de cualquier duda e irrepetible". Ya en "Tres ensayos para una teoría sexual" (1905) había señalado: "No sin buen fundamento el hecho de mamar el niño del pecho de su madre se vuelve paradigmático para todo vínculo de amor. El hallazgo (encuentro) de objeto es propiamente un reencuentro".

Esta formación de un ideal va a constituir el paradigma del amor y va a mantener vivo el deseo de ser "uno" con el otro, de constituir una unidad como en el estado prenatal y los primeros momentos de la lactancia. Este ideal creemos encontrarlo en el enamoramiento, esa es la razón por la cual los enamorados escriben en un único corazón los nombres de ambos, señalando así su deseo de fusión con el otro, borrando la realidad de la alteridad presentes en todo vínculo. Este estado de plenitud, de completud, es de extrema felicidad, pues el enamorado cree reencontrar en el otro el "paraíso perdido" del primigenio vínculo con la madre.

Al respecto dice Bataille (1957): "El sentido último del erotismo es la fusión, la supresión del límite. Nadie podría negar que un elemento esencial de la excitación es el sentimiento de perder pie, de zozobrar. Le parece al amante que sólo el ser amado puede en este mundo realizar lo que nuestros límites prohíben: la plena confusión de dos seres. La pasión nos adentra así en el sufrimiento, puesto que es, en el fondo, la búsqueda de un imposible".

De esta idealización participan ambos componentes de la pareja, podemos decir que es una idealización cruzada, en la cual cada uno "inviste", "proyecta", "coloca" en el objeto de amor su ideal. Para decirlo de una manera simple, el otro pasa a contener a nuestro ideal, a ser lo que queremos que sea. Esto implica una negación, un desconocimiento de la realidad del otro que deja de ser el sujeto que es para convertirse en algo que no es: el ideal de su pareja. Esto significa una violencia de cada uno de los integrantes del vínculo hacia el otro, puesto que ninguno es reconocido en su realidad, en lo que es; violencia mutua en la idealización cruzada.

Decimos que hay una locura que es universal, fisiológica, benigna y que la mayor parte de las veces cura espontáneamente; esta locura se llama enamoramiento, un estado febril que luego se va entibiando, y si esa tibieza se hace crónica se llama amor. Esta tibieza implica el paulatino reconocimiento del otro como alguien separado tanto del cuerpo propio como del ideal perseguido. El fin del enamoramiento puede también implicar un desengaño tan fuerte que provoca la separación de la pareja. Un motivo puede ser que la realidad del otro, despojado ya de sus características ideales, no reúna las cualidades para conformar una pareja medianamente satisfactoria.

Si pasado el furor del enamoramiento, el vínculo da paso a la ternura, al deseo sexual compartido y al bienestar que proporciona el sentirse acompañado, tendremos una pareja conformada en un marco amoroso. Pero, por más propósitos que nos formulemos, el ideal amoroso, el paradigma del amor, no va a desaparecer de nuestra subjetividad. Como el burro al que hacen caminar detrás de una zanahoria, así, en el curso de nuestra vida caminamos esperando hallar a nuestro ideal. Ilusión vana de encontrar en el presente o en el futuro aquello que pertenece a un pasado remoto. Tras esta ilusión muchas personas emigran de una relación a otra buscando ese ideal inalcanzable: "el príncipe azul" para las mujeres, o "la princesa azul" para los hombres.

DEL ENAMORAMIENTO AL REPROCHE

La vida cotidiana con el otro promueve desencantos de toda naturaleza, pues nadie puede estar a la altura de un ideal. Esta es la razón por la cual aparecen los reproches, reproches que tienen relación con la comparación entre un sujeto real que tenemos a nuestro lado y el ideal deseado y soñado. En la vida de toda pareja aparecen quejas del tipo: "no creí que fueras...", "nunca pensé...", "cómo me equivoqué acerca tuyo...", "nunca hubiera imaginado que fueras así", "pensar que me he engañado", "no creí que fueras tan egoísta", etcétera, recriminaciones que pueden extenderse y que de hecho se extienden a lo largo de la vida de una pareja. Tal fijación al ideal provoca que este siga actuando aunque la experiencia indique que ningún cambio es posible. Por supuesto que estos reproches son cruzados, pues ambos esperan que el otro responda de la manera deseada, que actúe de acuerdo a su ideal.

Por ello, podemos concluir que la pareja se construye sobre un malentendido (encuentro con el ideal) que origina la estructura del reproche como consecuencia de las expectativas frustradas. Esto es tan así que podemos decir que del enamoramiento se pasa al reproche. De todos modos, la búsqueda inútil e inalcanzable de ese ideal nos relaciona con personas que, si bien no están a su altura, pueden depararnos compañía, amor, refugio, relaciones sexuales placenteras y momentos de felicidad.

EL AMOR: DISCRIMINACIÓN Y ALTERIDAD

En el amor maduro, genital, no se abandona por completo la idea de recuperar la completud primaria que existió en el pasado, esa completud imaginaria del niño con la madre, pero ya no se la buscará en su persona sino en las satisfacciones que puede deparar el compañero sexual.

La relación amorosa nos promete la compañía del amado, la convicción de que la soledad será definitivamente alejada, que tendremos a nuestro lado una persona que pueda comprenderlo todo de nosotros, y ello "hasta que la muerte nos separe". Pero al mismo tiempo el amor conduce a una desidealización de la pareja; la fascinación, el encantamiento por el otro, constituye un vínculo inestable pues no puede soportar el examen de la realidad. En lugar de la idealización surgen el apego y la ternura.

El contacto con la realidad del otro nos permitirá reconocerlo como una persona con sus cosas buenas, otras no tan buenas e incluso con sus aspectos negativos. También es cierto que el paso del enamoramiento al amor, de la idealización al contacto con el objeto real posibilita el intercambio, la complementariedad y el enriquecimiento de cada uno de los partícipes con las características del otro.

Por supuesto que la desidealización nunca es completa, que la atracción por el objeto primario puede continuar a lo largo de toda la vida, pero las vivencias compartidas con el objeto de amor exorcizarán en parte esta atracción. Los intercambios afectivos y las relaciones sexuales que delimitan un campo de intimidad y de placer compartido contribuirán a ello.

Además es importante destacar que en el amor maduro no se pretende ser el único. Si bien ambos partícipes ocupan un lugar privilegiado en el aparato psíquico de su pareja, existe un respeto hacia el partener que le permite a éste conservar y cultivar otras relaciones significativas, tales como las de su familia de origen, amistades, compañeros de trabajo, etc. El respeto hacia las actividades e intereses de la otra persona, la disposición interna a conservarla como objeto de amor y de interés privilegiado excluye la exigencia de ser todo para el otro, el deseo de exclusividad.

"La mayor tensión parece establecerse entre la autonomía de cada uno y la renuncia que implica toda pertenencia a una configuración vincular. Los acuerdos de qué significa estar juntos se modifican; si esto no puede tolerarse, se disuelve el vínculo por una separación o se mantiene una vida de sufrimiento y reproche tratando cada uno que cambie el otro" (Brachi de Andino, 1996)

Una relación amorosa, señalan Brengio y Moscona (1989), tiene por condición la reciprocidad e independencia. En la pareja adulta cambia la cualidad de la relación; la del lactante y más tarde la del niño con la madre es asimétrica. Hay un dador, la madre, de la cual el hijo es receptor, espera alimento, higiene, cuidados, amor. La relación de amor adulta difiere de la anterior puesto que ambos miembros de la pareja esperan un intercambio de ternura, cuidados, preocupación y placer sexual. Desde el comienzo de la vida la paridad, es un bien a ganar. Es deseable que esta igualdad permita el juego de momentos asimétricos que se producen en las parejas, por ej. cuando uno de sus miembros enferma, que implica muchas veces la asimetría de quien cuida y quien es cuidado, o en momentos de padecimientos que requieren el auxilio del compañero. Siempre se van a producir momentos de asimetría, pero lo deseable es recuperar la igualdad como factor de estabilidad en la pareja.

Ya dijimos que en el amor maduro no se pretende ser el único, es importante que el vínculo de pareja permita la existencia de un espacio para la individualidad. Ello posibilita un mayor grado de libertad para los sujetos del vínculo y promueve una relación donde el otro no es un objeto de necesidad para sobrevivir sino que es elegido como un objeto de placer para construir una vida en común. Ya comprobaremos a lo largo de este libro los efectos destructivos al que pueden arribar aquellas parejas en las que gobierna la necesidad donde debe imperar el deseo.

Necesitamos que el otro nos posibilite mantener una ilusión mínima con sus aportes narcisistas privilegiados que sostengan la investidura de "objeto único", de objeto primario. Pero también necesitamos que el objeto sea reconocido en su alteridad y que sea aceptada su otroridad, a fines de permitir la conservación y discriminación de espacios propios no compartidos ni compartibles.

Toda esta tarea de discriminación, de reconocimiento de la otroridad, esta condición aceptada de que no son uno sino dos, que el corazón que contenía a ambos se ha dividido, producirá en adelante un efecto especial en el vínculo: la aguda conciencia de las diferencias sexuales. Así, podremos tolerar –entre otras cosas– el goce sexual del otro sexo, tan enigmático para nosotros. Los saberes sexuados son esencialmente parciales, nunca se totaliza un saber sobre cada posición sexuada, porque siempre se sabe desde una sola de las dos, lo cual instala necesariamente un cono de sombra sobre la ajena. La pérdida de la completud y de la indiferenciación sexual golpea a ambos componentes de la pareja, y también es cierto que la castración, el sentimiento de que no se tiene todo, de que existe una falta, actúa sobre ambos.

Según Fromm (1956) encontramos ciertos elementos comunes a todas las formas del amor. Estos elementos son: cuidado, responsabilidad, respeto y conocimiento. Ninguna declaración de amor sería sincera si no existiese el cuidado hacia el ser amado. El amor es la preocupación activa por la vida y el crecimiento de los que amamos. La responsabilidad en su verdadero sentido es un acto voluntario que constituye la respuesta a las necesidades, expresadas o no, de otro ser humano. Ser responsable es serlo por uno mismo y por los semejantes. Respeto significa la capacidad de ver a una persona tal cual es, tener conciencia de su individualidad y preocuparse para que crezca y se desarrolle tal como es. Respetar a una persona sin conocerla no es posible; el cuidado y la responsabilidad serían ciegos si no los guiara el conocimiento.

3

De la familia de origen a la de procreación

Eros no puede ser fiel a sí mismo sin practicar la caricia, pero no puede practicarla sin correr el riesgo del dominio. Eros impulsa a las manos a tocarse, pero las manos que acarician también pueden oprimir y aplastar.

ZYGMUNT BAUMAN

Cada individuo pertenece a una y luego a dos familias elementales; nace en una familia, que podemos llamar "familia de origen" y luego, ya adulto, crea la que podríamos denominar "familia de procreación".

Estas dos familias, la de origen y la de procreación, constituyen para un sujeto su núcleo de parentesco, esto es, todos sus parientes de primer grado. Sin embargo, la familia de procreación no sólo está ligada a la familia de origen del sujeto, sino también a la familia de origen de su pareja.

La sociedad industrial ha producido cambios significativos en la estructura familiar anterior a ella, o sea la estructura familiar rural. La sociedad industrial no da lugar a la formación de grupos de parentesco más amplios que la familia que podemos designar "nuclear", formada por la pareja conyugal y sus hijos. Ello es así, puesto que una familia numerosa impediría la movilidad geográfica de los individuos en busca de trabajo.

En mi libro *Vivir en pareja* (2007) comentaba que esta forma restringida del grupo familiar acarreó cambios importantes no sólo en la estructura de la familia sino también en el intercambio afectivo entre sus miembros. La familia rural consistía en una unidad a la cual estaban asociados muchos individuos. Alrededor de la familia nuclear vivían los abuelos, tíos, tías, primos, etc. Si los pequeños no tenían a sus padres disponibles por las tareas propias del campo, siempre había brazos desocupados para atender sus necesidades de protección, cuidado y afecto.

Las emociones de un sujeto, ya sea un niño o un adulto, tenían la posibilidad de repartirse entre un grupo grande de familiares, lo que posibilitaba que los vínculos individuales no fueran tan intensos. Así como las emociones podían repartirse en un conjunto, los lazos de dependencia a un miembro del grupo no eran tan exclusivos; el rechazo por parte de un familiar podía resolverse con la aceptación de otro y podía manifestarse el rencor hacia un miembro de la familia sin quedar en el desamparo. Si se reunían más jugadores, el "juego emocional" estaba más repartido. Las relaciones de dependencia no tenían las dimensiones que luego adquirieron en la familia de las sociedades industriales.

Tomemos este ejemplo: tenemos un juego de cartas españolas. El juego tiene 40 cartas, si la repartimos entre 20 jugadores, a cada uno de ellos le tocarán 2 cartas, pero si los jugadores son dos le tocará a cada uno 20 cartas, o sea: menor número de participantes mayor número de cartas. Algo parecido ocurre con los afectos, con las emociones: a menos personas, más cargas afectivas tendrán que soportar los partícipes de la familia contemporánea.

En la sociedad industrial, los jóvenes tienen una dependencia emocional muy intensa con sus progenitores. El hecho de que la familia urbana vive encerrada en un hábitat por lo general reducido, impide el aislamiento y la privacidad de sus miembros. El espacio íntimo así creado genera un intercambio emocional concentrado en pocas personas. Y si a ello agregamos que en los últimos decenios el control de la natalidad redujo aún más el número de miembros de la familia nuclear, y que en algunos países la tasa de natalidad es negativa, la consecuencia es que las relaciones entre padres e hijos se hacen más estrechas y exclusivas.

Esta mayor dependencia emocional será transferida a la relación conyugal. Sabemos que los primeros destinatarios de las demandas libidinales y narcisistas siempre están fuertemente catectizados, hecho bastante sobresaliente en las primeras elecciones de objeto realizadas por el yo. Dado que la dependencia absoluta del bebé es universal, la transferencia de esta relación al compañero sexual en la vida adulta es generalmente intensa y excluyente y es en ella donde se buscará la gratificación de las necesidades.

Lo distinto es que, mientras la relación del bebé con los padres es asimétrica, puesto que ellos pueden satisfacer su demanda o dejarlo insatisfecho, la relación con la pareja conyugal es simétrica, pues cada uno de sus partícipes tiene el monopolio de la gratificación del otro.

Si una pareja de novios o amantes deciden constituir una nueva unidad familiar, su camino, ya de por sí trabajoso, en la búsqueda de la armonía conyugal, se verá obstaculizado por aquello que denomino "conflicto de lealtades". "Elegir una pareja es proyectar el deseo hacia un objeto extrafamiliar, lo cual implica que toda separación lleva implícita una culpa por el abandono de los progenitores. La inhibición de la sexualidad que observamos en el funcionamiento neurótico, promueve la erotización de los vínculos paterno-filiales y garantiza entonces su persistencia y continuidad" (Matus, 1996).

Una paciente después de casarse pasaba mucho tiempo en casa de la mamá, lo que ocasionaba fuertes discusiones con su pareja. Además le proponía a su marido ir a vivir con sus padres. Observamos una dificultad para establecer lazos exogámicos y la persistencia de los infantiles endogámicos.

Cada uno de los integrantes del vínculo se encuentra involucrado en una situación de conflicto entre su lealtad a la familia de origen, que se encargó de cuidarlo, alimentarlo, educarlo, mantenerlo, de su desarrollo personal y le dio un nombre, y la nueva familia que constituye con su pareja.

Esta doble lealtad, como describo en *Parejas en crisis* (2002) los divide y conflictúa, constituyendo generalmente la más temprana fuente de desavenencias. Estos desacuerdos pueden extenderse a toda la vida de la pareja. Fuente constante de producción de celos, actúa como elemento negativo para la integración de sus miembros y la consecuente formación de una nueva identidad.

La salida exogámica que supone la formación de la pareja matrimonial entra en contradicción con la vinculación endogámica que persiste en el mundo psíquico de cada uno de sus miembros.

El sujeto psíquico debe afrontar múltiples situaciones de duelo: la separación del interior de la madre en el parto, el destete, el reconocimiento de que es el padre el compañero adecuado para la madre y no el niño, el duelo por su cuerpo de niño en la pubertad con la aparición de la menstruación en la niña y del semen en el varón, que les imponen el testimonio de la definición sexual y del rol que tendrán que asumir, no sólo en la unión con la pareja, sino en la procreación. Y esto exige el abandono de la fantasía del doble sexo. Y a estos duelos debemos agregar la separación de la familia de origen.

Grinberg y Grinberg (1980) afirman que el establecimiento de la identidad sexual implica una renuncia al sexo que no se tiene. En rigor de verdad, cada paso hacia la aceptación de la propia identidad y de lo que cada uno es obliga a la elaboración del duelo por lo que uno no es. Otros duelos que deberá asumir se refieren a los padres de la infancia, a los amigos perdidos y a los familiares fallecidos. Así también deberá realizar el duelo de su familia de origen para acceder a la familia de procreación.

Este acontecimiento está ritualizado en el matrimonio por iglesia. Lo que para algunos es un sacramento santificado por la iglesia, para todos constituye la ceremonia por medio de la cual los contrayentes anuncian ante la sociedad que se comprometen el uno con el otro a formar una familia. El escenario montado muestra a las claras la circulación del Edipo en la familia, el padre ingresa del brazo de la hija para llegar al altar donde hace cesión de la misma al novio, mientras que el joven es cedido por su madre a la novia, junto con algunas recetas de cocina. De allí en más, el marido debe cortar el cordón umbilical de la muchacha con su familia y ella realizar el mismo trabajo con el esposo.

La separación y el duelo por la familia de origen es un proceso trabajoso y doloroso por dos razones. En primer lugar, la familia de origen tiene la exclusividad durante largo tiempo de la vida afectiva del sujeto psíquico, los padres constituyen el primer amor, amor que necesita ser desplazado de la relación incestuosa infantil para acceder al amor adulto de la pareja exogámica. En segundo lugar, encontraremos una resistencia a renunciar a la identidad familiar narcisizada (que forma parte del yo ideal) para incluirse en una nueva unidad, la familia de procreación.

Cada integrante de la nueva familia trae a la misma sus valores, normas, costumbres, gustos y preferencias, que son el fruto de su identificación con la familia de origen. Este encuentro tendrá como resultado una nueva identidad, producto de la integración de ambos, o, por el contrario, será fuente de conflictos. El éxito o fracaso de este proceso dependerá: de la adherencia de los miembros de la pareja a su familia de origen, de los celos que la familia del cónyuge pueda movilizar y de las situaciones de hostilidad con la familia del otro surgidas con anterioridad o posterioridad a la constitución de la pareja.

En el proceso de formación de una familia de procreación es muy importante el grado de tolerancia o intolerancia de los miembros de la pareja a aceptar los lazos endogámicos de su cónyuge. El paso a la exogamia puede ser prolongado y en muchos casos no resolverse por completo a lo largo de la vida. Si los lazos endogámicos son difíciles de desatar, pueden constituir una fuente inagotable de celos. Todas las parejas deben enfrentarse con estos sentimientos; la madurez lograda por las personas implicadas marcará el desarrollo de la relación; la posibilidad de contenerlos y tolerarlos es beneficiosa para la salud de la pareja.

¿Por qué los celos, principalmente en los primeros tiempos de la pareja, son suscitados por la familia de origen? Porque, como indicamos, es ella la que tuvo el monopolio del amor del compañero, amor que en parte se ha transferido y que paulatinamente se irá transfiriendo a la pareja, aunque nunca en su totalidad. Señalamos, además, que en la familia nuclear reducida los vínculos entre padres e hijos adquieren una inusitada intensidad y la dependencia emocional de estos últimos es incrementada por la dificultad para establecer intercambios afectivos, característica de las grandes ciudades.

Los miembros de la pareja necesitarán de tiempo y esfuerzo para resignar costumbres, características, normas y hábitos propios para crear un espacio común. No puede negarse que el encuentro con otra persona en la intimidad es problemático. Tanto para el hombre como para la mujer, la aceptación del otro diferente implica reconocer la castración, y cuando hablamos de castración nos referimos a nuestra incompletud y a la necesidad del otro para el proceso procreador. Y la llegada de los hijos nos obliga a admitir el paso de las generaciones y la muerte. Si ello ocurre, se establecerá entre ellos un ámbito donde puedan compartir sus posibilidades creativas.

IMPONER LO PROPIO

La tendencia de los individuos es la de formar una pareja, y aun aquellos que la disuelven tienden, tarde o temprano (y generalmente temprano), a formar otra. Ello no es óbice para afirmar que convivir con otra persona es una de las alternativas más irritantes a la que nos enfrenta la vida.

Ya decía Freud (1921) que toda relación afectiva íntima y prolongada entre dos personas –matrimonio, amistad, relaciones entre padres e hijos– contiene un sedimento de sentimientos de desautorización y hostilidad que sólo en virtud de la represión no es percibido. Nos dice además que en las aversiones y repulsas a otras personas con quienes tratamos podemos discernir la expresión de un amor a nosotros mismos, de un narcisismo al cual nos es difícil renunciar y que defendemos a ultranza.

Este narcisismo es el que nos impide acomodarnos en una relación de pareja, en la cual lograr una cierta armonía necesita de mutuas concesiones que atentan contra los deseos de cada uno de sus miembros. Anteponer el deseo de bienestar de la pareja al deseo individual no es tarea fácil.

Buena parte del malestar en la pareja es consecuencia de que el ejercicio de la voluntad de uno puede resultar molesto para el otro. Basta con observar un conflicto que de ser tan corriente puede ser minimizado y pasar desapercibido: él quiere mirar el partido de fútbol cuando ella desea mirar una película; planteadas así las cosas, el que renuncia a sus apetencias guarda una cuota de rencor que tarde o temprano termina por manifestarse.

Estos sucesos originan discusiones interminables dentro de la pareja creando un malestar creciente. Es que la defensa a ultranza de la posición personal, este empecinamiento narcisista, tiene su razón de ser, no sólo en el anhelo de imponer al otro lo propio, considerado lo mejor y más conveniente, sino en el resguardo de la identidad del sujeto; el temor a perder aquello que lo cohesiona y lo diferencia de los demás.

Carlos es el último hijo de una familia numerosa; sus padres tuvieron doce, el mayor tiene 46 años y Carlos 30. Mientras vivió junto a sus padres fue testigo de las discusiones que diariamente se suscitaban entre ellos.

El padre era un hombre de carácter autoritario, muy rígido en sus convicciones; trató siempre de imponer su autoridad sin dar lugar a reclamos y manejó a su numerosa prole con firmeza; sus hijos le respetaban y aunque muchas veces de malgrado, le obedecían.

La mamá de Carlos era afectuosa con sus hijos, atenta a las necesidades de los mismos, dispuesta a complacerlos y a defenderlos con firmeza de la autoridad paterna si la consideraba arbitraria.

Carlos recuerda que, sentados a la mesa familiar, solían suscitarse discusiones violentas por cualquier motivo, por nimio que fuese. Guarda en su memoria esas escenas en las que el padre pretendía imponerse a sus hijos y finalizaba la reyerta golpeando el puño contra la mesa, haciendo saltar la vajilla.

Recuerda que, fuese cual fuese el motivo de discusión y quien enfrentara al padre, todas las peleas, o por lo menos con excesiva frecuencia, terminaban en una riña de este con su esposa. En ese enfrentamiento se hacía siempre referencia a los países de origen de ambos.

La madre procedía de una familia española y la del padre era de origen italiano; esta diferencia parecía ser lo que más desmerecía al uno frente a los ojos del otro.

Freud (1921), en "Psicología de las masas y análisis del yo", dice: "Toda vez que dos familias se alían por matrimonio, cada una se juzga la mejor o la más aristocrática, a expensas de la otra".

El papá de Carlos pensaba que la sola referencia al origen de su esposa sería causa suficiente de humillación para ésta y que esa pertenencia justificaba las fallas que constataba en su mujer, tales como estar en desacuerdo con él, no estar de su lado en las discusiones con los hijos o que no le guardase credibilidad y respeto a ultranza.

Claro que la mamá de Carlos estaba muy orgullosa de sus orígenes y pensaba que la mención del de su marido constituía un reproche para el mismo, que era portador de una indignidad que debía sobrellevar, además de guardar el debido respeto al rango superior de su esposa.

En el mismo texto mencionado más arriba, Freud dice que "En las aversiones y repulsas a extraños con quienes se tiene trato podemos discernir la expresión de un amor de sí, de un narcisismo, que aspira a su autoconservación y se comporta como si toda divergencia respecto de sus plasmaciones individuales implicase una crítica a ellas y una exhortación a remodelarlas".

Dijimos que cuando se constituye una pareja, cada uno de sus miembros tiene una doble lealtad: a su familia de origen y a la familia de procreación. La lealtad a la familia de origen por parte de uno de los cónyuges puede causar celos en el otro. Y esto es lo que ocurre entre los padres de Carlos. A modo de anécdota, la madre de Carlos es amante de la zarzuela y el padre, de la ópera; o sea que cada uno de ellos tiene intensamente narcisizada su familia de origen.

Otro ejemplo de la dificultad para formar una unidad exogámica que pueda integrar a ambos componentes de la pareja es la de Sole y Leo. Sole es una muchacha atractiva de 24 años de edad; estudió profesorado de Jardín de Infantes, tiene dos hermanas menores que ella y es muy apegada a su familia, especialmente a su madre. Proviene de un hogar católico desinteresado de la práctica religiosa. El autoritarismo de sus padres limitó considerablemente las amistades de la hija, cuya vida de relación se desenvuelve alrededor de su familia.

Leo tiene 28 años, siendo el único hijo de un matrimonio judío; es contador y trabaja en el estudio de su padre. Si bien tiene mucha vida social y un numeroso grupo de amigos, es también bastante apegado a su familia y tiene muy en cuenta las opiniones y preferencias de sus padres.

Sole y Leo comienzan una relación de pareja. Éste comenta: "era muy romántico, hacíamos escapadas de tres o cuatro días, estábamos muy bien juntos. Yo hacía varios años que vivía solo y pienso que necesitaba compañía. Cuando terminaba el trabajo, iba al departamento en que vivía por aquel entonces y allí nos encontrábamos con Sole.

La relación transcurría sin sobresaltos, Leo se sentía acompañado después de mucho tiempo de salidas de soltero sin pareja. Sole recibía una atención que no lograba en el seno de su familia por las frecuentes discusiones que mantenía con su madre.

A los ocho meses del inicio de esta relación, Sole queda embarazada; una tarde, cuando Leo pasa con su coche a buscar a su novia, ésta le da la noticia. Leo propone a Sole discutir la conducta a seguir; él no había pensado en la posibilidad de casarse en forma prematura. "Sole se bajó del coche, pegó un tremendo portazo y si yo no la llamaba, ella no lo hubiera hecho porque es muy orgullosa".

Pensando que al fin de cuentas sólo era adelantar un futuro previsible, Leo decide casarse planteando dos condiciones, la primera de ellas es que si tienen un hijo varón él deseaba ponerle aunque sea como segundo nombre, el de un tío al que quería mucho y que había fallecido hacía pocos meses. La segunda condición, siempre pensando en el hijo varón, era que se circuncidara para seguir la tradición, "no por una cuestión religiosa, pues yo afortunadamente me pude abrir de todo el ambiente sectario de la comunidad donde hay un sector religioso y otro tradicionalista. Yo adhiero al segundo".

"Sole me dijo que no había ningún problema, me abrazó llorando y 'sí, mi amor; sí, mi amor', todo bárbaro. Esa noche tuvimos relaciones y ella se quedó a dormir. Al día siguiente pensamos cómo decírselo a nuestras familias".

Al fin se casan siguiendo la tradición judía para este acontecimiento, pues "quería darles esa satisfacción a mis padres, ya que soy el único hijo..." Claro que Sole expresa: "a mí me hubiera gustado casarme por iglesia, si es por gustos..."

Transcurridos unos meses de embarazo y en conocimiento de que es un niño, Leo plantea que tienen que circuncidarlo como lo habían acordado con anterioridad. "A mí lo que más me importaba –dice Leo– era respetar las tradiciones, yo no quería que mi hijo se sintiera diferente a mí, ajeno a mí por no estar circuncidado. Sole nunca se había opuesto a nuestras tradiciones, es más, el año nuevo judío y el día del perdón lo había pasado con mi familia, que la recibió como un miembro más. Pero cuando cumplió cinco meses de embarazo comenzó su oposición a la circuncisión."

Sole se opone a la circuncisión de su hijo, considera que puede causarle perjuicio a la criatura. "Tendría que afrontar una situación traumática innecesariamente, por un capricho de Leo, que quiere hacerlo para darle el gusto al padre."

En este momento de la pareja ya se instala un serio conflicto que tiene su origen en la pertenencia de los cónyuges a culturas distintas. Para Leo la circuncisión marcaría la paternidad y la filiación; en otras palabras, él desea que el hijo lleve su marca.

La pertenencia de Leo a una familia judía y la de Sole a una familia católica crea un conflicto en el seno del matrimonio. Cada uno de ellos ha construido su identidad en la familia que les dio la vida y protegió permitiéndoles crecer. Esta pertenencia, esta identidad familiar, está poderosamente narcisizada y resulta muy doloroso renunciar a ella.

Freud (1921) manifiesta: "Toda vez que dos familias se alían por matrimonio, cada una se juzga la mejor o la más aristocrática, a expensas de la otra (...) y cuando las diferencias son mayores, no nos asombra que el resultado sea un aversión difícil de superar: los galos contra los germanos, los arios contra los semitas, los blancos contra los pueblos de color".

La presión de Leo termina venciendo las resistencias de Sole y llevan a Marcos a un médico que le practica la circuncisión. Sole va llorando, llora en la sala de espera y se llena de indignación cuando recuerda que la circuncisión de su hijo se realizó contra su voluntad.

Desde ese día, la relación de este matrimonio, ya de por sí difícil, se agrava. Los reproches de Sole hacia Leo no cesan y el resentimiento es grande.

Cuando Marcos es circuncidado, la suegra de Sole, siempre tan oportuna, le dice a ésta, muy orgullosa: "Ahora vas a saber lo que es tener un hijo judío". Sole, rápida, contesta: "mi hijo no es judío". Es cierto, ya que se reconoce como judío al que nace de vientre judío. Comprobamos a lo largo de esta historia la negativa de parte de los padres de Leo a aceptar la realidad, dolorosa para ellos, de que su hijo se ha casado con Sole que proviene de una familia católica y que por tanto su nieto no es judío.

Narcisismo de las diferencias lo llamó Freud, de aquél que piensa que sus atributos personales, su familia o sus orígenes culturales son lo mejor y que por alguna oculta razón lo ajeno, lo extraño, no puede compararse con la valía de lo propio.

Pero hay algo más, ella dice que nunca le perdonará a Leo que haya circuncidado a Marcos; cuando lo desnuda para cambiarlo llora al ver el pene de su hijo. También Sole siente a su hijo como una posesión exclusiva; ella es la dueña del chico, la que dispone del mismo. La marca del padre grabada en el cuerpo del hijo es vivida como una afrenta narcisista puesto que le señala de manera indiscutible la paternidad compartida, la presencia del otro y sus derechos sobre el hijo. Marca del padre como del otro extraño, perteneciente a otra familia; más aún, la marca del padre que señala otra ajenidad cultural y religiosa.

Complejo y doloroso tránsito de la endogamia a la exogamia, paso que obliga al reconocimiento del otro como complemento necesario, paso que fuerza a renuncias narcisistas que tienen que ver con la identidad del sujeto, renuncias que sólo pueden ser compensadas si se narcisiza la nueva unidad familiar.

Freud (1918 [1917]) expresa que los hombres, mediante un «tabú de aislamiento personal», se separan de los demás, y que justamente en sus pequeñas diferencias, no obstante su semejanza en todo el resto, se fundamentan los sentimientos de ajenidad y hostilidad entre ellos. También dice que sería seductor ceder a esta idea y derivar de ese "narcisismo de las pequeñas diferencias" la hostilidad que en todos los vínculos humanos vemos batallar con éxito contra los sentimientos solidarios y yugular el mandamiento de amar al prójimo.

Los miembros de la pareja necesitarán de tiempo y esfuerzo para resignar costumbres, características, normas y hábitos propios para crear un espacio común de encuentro, espacio que puede ser enriquecido por el aporte de ambos, producto nuevo que hablará de las potencialidades generativas de esa asociación.

No puede negarse que el encuentro con otra persona en la intimidad es problemático. Tanto para el hombre como para la mujer, la aceptación del otro diferente implica reconocer la incompletud, la necesidad del otro para el proceso procreador. Cuando la sexualidad entra en juego se abre el proceso procreador con la llegada de los hijos, que nos obliga a admitir el paso de las generaciones y la fatalidad de la muerte. Si los miembros de la pareja pueden tolerar estas vicisitudes, podrán establecer un espacio compartido para crear y desarrollar proyectos en común.

Desde los comienzos de la relación, cuando caemos enamorados y declaramos ese amor con frases tales como "sos todo para mí", estamos formulando que esperamos la reciprocidad de esa entrega: yo debo ser todo para vos, o sea, debemos ser el uno para el otro. Estas formulaciones dejan de lado a todos los demás. Aclaran, de manera que no deja lugar a dudas, que si yo te elijo espero de vos que seas todos aquellos vínculos a los que renuncio, todas aquellas personas a las que abandono, el mundo que sacrifico en aras de este amor, los posibles amantes, las aventuras que no conoceré.

En la declaración amorosa subyace esta ambición totalitaria de hacer del otro nuestro deseo, quien tiene la misión de cubrir todas nuestras faltas, de darnos todo lo que necesitamos, de hacernos felices. "Debes ser todos aquellos a los que por vos he renunciado". "Si he sacrificado el mundo que me rodeaba al elegirte, ahora debes ser ese mundo". Este totalitarismo inevitablemente desembocará en reproches por no ser todo lo que se exige. Problema de la pareja de no poder ser más que uno de todos los actores que el otro pretende; problema de la pareja monogámica que, de manera conciente o inconsciente, desea encontrar en el otro la diversidad de la poligamia. Esta pretensión lleva a reprochar al otro no estar a la altura de los deseos, y algunas veces a reemprender la búsqueda de otro que los satisfaga. De más está decir que esta búsqueda no podrá brindar los frutos esperados.

La sabiduría consiste en aceptar tanto nuestras limitaciones como las del otro y admitir que en este mundo tan polifacético en el que vivimos, si extendemos nuestra mirada y nuestra mano, podemos encontrar la diversidad y la riqueza que anhelamos sin exigírselas a nuestro compañero. Y así la pareja, despojada de una carga imposible, puede demostrar sus virtudes al brindarnos afecto, compañía e intimidad.

4
Dinámica de la pareja violenta

"Unidad sellada entregada
al goce perverso que
excluye a cualquiera que
quiera introducir una cuña"

Se conocieron en una fiesta de amigos, estuvieron charlando animadamente durante toda la reunión y terminaron en el departamento de él. Como he observado en muchas parejas de estas características, desde ese momento estuvieron siempre juntos. Es natural que al comienzo, como todos los enamorados, les encantara estar a solas y contar cada uno sus historias de vida. Pero pasado el tiempo de ese enclaustramiento amoroso, ni Esteban ni Sofía retomaron sus antiguas amistades. Siempre había excusas para quedarse en casa, y las visitas a las respectivas familias eran cada vez más escasas.

Vinieron los hijos, buscados y soñados por la pareja como el fruto de ese amor tan especial. Pero en lugar de disfrutar de su obra, comenzaron las discusiones y los desacuerdos. Esteban reclamaba una atención que estaba mermada por la atención de los hijos, las relaciones sexuales eran esporádicas y con poco entusiasmo de Sofía que, cansada del trabajo diario y los cuidados de los hijos, lo único que deseaba era dormir.

Las peleas se sucedían cada vez con mayor violencia y los vecinos eran testigos de los reproches que se prodigaban y de los insultos que intercambiaban. Más de una vez algunos arañazos o moretones a la vista eran el resultado de las frecuentes reyertas. Ruidos de gente corriendo, de objetos que caen, cristales que se rompen y gritos eran señales inequívocas del malestar de la pareja. Sofía no era una víctima indefensa, ella no se negaba a la lucha.

Carla, amiga de la infancia de Sofía, era su confidente. En su deseo de proteger a su amiga le pedía que se separara, que encontraría una persona que le daría amor y comprensión, que lo que estaba viviendo con Esteban era una relación enfermiza, que merecía algo mejor. Ella, como tantos otros que son testigos de este tipo de vínculo, se preguntan: ¿por qué no se separan?

Lamovsky (1997) afirma que frente a situaciones clínicas de intenso sufrimiento vincular suele aflorar una pregunta impregnada de cierta ingenuidad: ¿por qué no se separan? Desde la perspectiva de ese goce tan esencial en el que se encuentran involucrados, se advierte que los miembros de algunas parejas propician situaciones para dar lugar al más intenso desenfreno, muy a pesar de que simultáneamente éste resulte atentatorio contra ellos mismos. Generalmente, la imperiosidad con la cual se precipitan a la consulta está en directa relación con el grado en que ese goce ha perturbado suficientemente el bienestar hasta el punto de volverse intolerable.

Un observador profano puede concluir fácilmente que esta pareja ha elegido erróneamente y está pagando las consecuencias de su desacierto. Pero el amor no es ciego, las parejas que se relacionan violentamente no se han equivocado. Lo que sucede es que, en un gran número de casos, en la elección se ha establecido una contradicción entre dos sistemas: mientras el sistema conciente aspira a otro ideal de pareja, el inconciente está comprometido en este tipo de vínculo. De este modo se instala un conflicto –como en tantos aspectos de la vida psíquica– que resolverá la fuerza relativa de ambas tendencias.

Glasman (1991) expresa que la ceguera del enamoramiento es solo aparente. Cada sujeto puede captar en forma inconciente determinadas características del objeto exogámico que le causarán sufrimiento, como ya ocurrió en sus vínculos primordiales. Glasman postula que en ciertas parejas el objeto es elegido también por lo que se odia en él y a veces mayoritariamente por esa razón. Es así que el odio que inviste al objeto exogámico tuvo su origen en el desencanto en relación a los objetos primarios que no proveyeron lo que el yo infantil necesitaba y/o deseaba.

Esto hace suponer a la autora que hay un "desencanto primario" que espera la repetición en la estructura vincular; puede decirse lo mismo de los reproches, que estaban allí a la espera para materializarse con el objeto nuevo-viejo, el que adquirió características deseables, no sólo desde el componente amoroso, sino también desde el odio que marcó el camino para su constitución.

Mi punto de vista es que muchos de los vínculos violentos son un derivado de la *erotización de la violencia familiar*. Si la violencia es característica de la relación de los padres, es probable que la misma se cristalice en la repetición de esa escena familiar. Entonces, el hijo identificado con un padre violento convertirá a su mujer en víctima y la hija a su vez identificada con la madre no tardará en encontrar quien la victimice. Y si los padres ejercen violencia hacia el hijo, es muy probable que éste repita este lazo en sus relaciones, ya sea como víctima o verdugo, porque, como formula Stacolchic (1999), en las repeticiones uno se entera de que cada sujeto tiene una especie de intuición fantástica para encontrar un partenaire que venga bien para lo que él necesita, que justamente es de lo que él mismo se queja terriblemente.

La formación de una pareja, señalan Kleiner y Pachuk (1996), activa formas arcaicas y primarias del amor que constituyen las bases pulsionales de la monogamia. Responde a fases y recorridos de la libido en los cuales se anhelaba la posesión del otro, y cuyo modelo remitía a las formas de incorporar, controlar y dominar al objeto, y en última instancia destruirlo como ente autónomo. Vemos aquí la intrincación pulsional Eros-Thánatos.

Una pareja puede establecer su vínculo a través del amor. El amor implica respeto hacia el compañero, hacia sus relaciones, sus intereses, sus inquietudes, su trabajo, sus amistades y su esparcimiento. El que ama permite al objeto de amor su pleno desarrollo en libertad; su conducta hacia el otro está orientada a que éste pueda desplegar todas sus potencialidades.

Una relación amorosa, señalan Brengio y Moscona (1989), tiene por condición la reciprocidad e independencia. Desde el comienzo de la vida la simetría, la paridad, es un bien a ganar, un espacio a crear, una lucha entre la investidura privilegiada a un otro y la tolerancia al dolor psíquico del sufrimiento que dicha investidura amorosa proporciona además del placer.

Pero, como Sofía y Esteban, las parejas pueden relacionarse con la violencia; aquí los contenidos tienen que ver con los celos y la posesividad. En lugar de libertad, hay sometimiento y esclavitud; el amor es invadido por la posesividad, el control y la violencia. Si bien la violencia física es la que causa mayor impacto, la violencia psicológica no es menos dañina: desprecio, desvalorización, denigración, burla hieren tanto o más que los golpes.

Violencia que embriaga y clausura la vida de la pareja. Celos posesivos para excluir todo aquello que ose interrumpir y perturbar la unión simbiótica, negación de toda terceridad vivida como amenaza a la unicidad de la pareja, ya se trate de familiares, amigos, trabajo, amistades o simplemente aficiones. Los partícipes de la relación violenta quieren terminar con su vida individual, desaparecer como entidades independientes, eliminar todos los vestigios de vida propia, fundirse en un solo ser.

La emergencia de componentes sadomasoquistas y de celos posesivos constituye una “vía regia” para ocupar todo el espacio psíquico de los miembros de la pareja. La agresión se convierte en un arma, en un medio para penetrar en el otro y poseerlo, es un instrumento privilegiado para excluir a todo tercero. Una pareja envuelta en una relación violenta, con el desborde emocional consiguiente, está entregada en alma y vida a ese vínculo que en un movimiento centrípeto lleva a la fusión de sus protagonistas; el mundo desaparece, sólo ellos dos y el abismo. La violencia como componente "fuerte", "de peso", integra a la pareja.

Nacht (1967) señala que la prolongación del período de unión indiferenciada, durante el cual las sensaciones de satisfacción y de insatisfacción confunden sujeto y objeto, facilita la erotización posterior del sufrimiento. Esta erotización puede llegar a tal grado, y su utilización sustitutiva adquirir tal amplitud, que dicha forma de masoquismo se convertirá en un obstáculo para el establecimiento de un modo de relación objetal satisfactoria en el plano libidinal.

Y es entonces que la pareja abre las puertas del goce. El goce engloba diferentes ideas, la de una satisfacción plena y entera, la infinita voluptuosidad, todos los placeres que un otro puede brindar. Como dice Green (1977): "Al fin de cuentas, la meta perseguida es alcanzar una satisfacción sin reservas, un placer sin límites. El goce es ese acmé de un placer sin trabas en que el sujeto se extasía. Cima orgástica que implica haberse librado de cualquier obstáculo que impida, poco o mucho, saborear el placer buscado".

"Eros, en este punto, se vuelca en su opuesto, y prefiere su propia desaparición a cualquier otra salida. Derecho de goce, derecho de vida y de muerte. Tentación de lo absoluto". El goce incita a la aventura tanática en su pretensión de agotar en forma definitiva al sujeto, de descargar por completo el deseo de su aparato psíquico, de desvanecerlo en lo infinito del universo.

Es este un intento del sujeto de alejarse de sus sensaciones de soledad, del dolor de sus duelos no elaborados, de la pérdida del seno materno en el nacimiento, de la del pecho en el destete, de la infancia, de la completud bisexual. En este afán de negar sus límites, busca fusionarse en otro con quien alcanzar el ideal narcisista de completud y omnipotencia que existió en el pasado: esa completud imaginaria del niño con su madre. Ser único y completo. El individuo lucha sin sosiego en la búsqueda de una perfección ilusoria que jamás podrá alcanzar.

Si la finalidad es ocupar el espacio mental del otro, la violencia constituye la herramienta privilegiada para el logro de ese objetivo: penetrar en el otro, invadirlo, expulsar aquello que no es lo propio, convertirse en "contenido" (psíquico) del otro al que podemos considerar como "continente". Así como la madre, fusionada con el feto, lo "traslada", lo lleva dentro suyo dondequiera que vaya, el partícipe de una pareja violenta busca esa situación de indiferenciación prenatal, de unicidad, en el intento de restituir ese estado primario, el reencuentro con la morada prenatal, esa antigua perfección narcisista.

En la oposición entre "continente" y "contenido" debemos tener en cuenta el papel desempeñado por la identificación con el otro en el fantasma. Así como "un sádico es siempre al mismo tiempo un masoquista" (Freud, 1905), en la pareja violenta "el continente de uno es siempre, al mismo tiempo, el contenido del otro". Ambos buscan la fusión para constituir nuevamente su propio ideal narcisista.

Quienes integran estas parejas tienen perturbada su capacidad de amar; intentan capturar al otro, poseerlo de manera exclusiva, introducirse en el objeto para habitarlo y parasitarlo. Teicher (1992) afirma que el deseo edípico infantil pretende que el otro debe estar a disposición con un amor incondicional. Este deseo presiona desde el Ello burlando, cuando puede, el control de la conciencia.

"No puedo vivir sin ella", "Con todo lo que le doy no necesita nada más", "Preferiría morir antes que perderlo",

"Vivo para él", son frases que remiten al empeño a muerte por alcanzar el goce absoluto de la posesión del otro.

Según Pitman (1987) hay matrimonios románticos en los cuales los esposos se enzarzan en salvajes riñas semanales o mensuales, rompen muebles y se persiguen en sus automóviles por los jardines del vecindario o por donde sea, empuñan cuchillos y revólveres o simplemente pelean a puño limpio. Quizás se maten en sus esfuerzos por mantener vivo su amor. Gran parte de la violencia conyugal existente en el mundo integra una lucha de poderes en la que el hombre se cree obligado a reafirmar su dominio sobre la mujer. Sin embargo una parte aún mayor de esa violencia constituye un esfuerzo por involucrarse intensamente en el matrimonio y demostrar que el romance no ha perdido su vigencia.

El torbellino de emociones presente en esta relación se lleva al límite y proporciona la sensación engañosa de vivir intensamente y amar profundamente; se confunde la excitación del encuentro con el amor. Para mantener la tensión se recurre a nuevas fórmulas, acentuando gradualmente el clímax vincular. La aventura es cada vez más intensa, las emociones puestas en juego más primitivas, los peligros mayores. Paulatinamente se producen actuaciones con mayor compromiso emocional que implican serios riesgos para sus actores. En los próximos capítulos nos ocuparemos de los casos extremos, aquellos que aparecen en las crónicas policiales: "Crimen pasional: "mató a su esposa y luego se suicidó", "mató a la pareja de su ex" o "mató a sus hijos por venganza", etcétera.

Este tipo de "amor" está muy emparentado con aquel gran primer amor –el amor a la madre– y por esto tiene muchas de sus características: la convicción de que es único, de que con él podrá lograrse el summum del goce y de que la unidad con el amado es posible, necesaria y suficiente para la vida del sujeto. Así, el objeto de la pasión pasa a convertirse en único, irreemplazable y necesario para la subsistencia, pues es verdad que madre hay una sola. En la pérdida del objeto va la vida del sujeto.

Dice Spitz (1954) que, en su organización primitiva, el recién nacido es incapaz de diferenciar un objeto de otro, o incluso, lo que lo rodea de su propia persona y percibe el seno que lo alimenta como parte de sí mismo.

En la misma dirección Fairbairn (1939-1951) expresa que en el estado intrauterino la dependencia se exhibe en su forma más extrema y que desde el punto de vista psicológico podemos deducir que este estado se caracteriza por un grado absoluto de identificación entre el feto y la madre. Dado que esta identificación persiste después del nacimiento, el objeto del individuo constituye no solo su mundo sino también él mismo. Es a este hecho al que debemos atribuir la actitud compulsiva que muchos individuos tienen hacia sus objetos amorosos.

Podemos considerar, con Berenstein-Puget (1982), un primer estadio de fusión narcisista constitutivo del vínculo de pareja: el enamoramiento. El enamoramiento –aquella pasión amorosa que revive la fusión propia de los primeros momentos de la vida– derriba los límites, aseverando que yo y tú son uno. Esta irresistible y desmesurada atracción por el otro constituye una repetición del vínculo originario del niño y la madre. Apogeo, cúspide de la relación narcisista, es pleno en vivencias de perfección. En la exclusividad de los amantes se encontrará la completud que subyace nostálgicamente.

La mayor parte de las veces el enamoramiento da paso al amor, sentimiento más tibio que aquel. En las parejas violentas, la pasión de los enamorados en lugar de enfriarse es recalentada. La pasión incluye el sufrimiento y el dolor, y un anhelo inconmensurable de desear siempre más del otro, siempre más de lo que da y aun de lo que está dispuesto a dar. Relación de una exaltación tal, de una fuerza y perentoriedad, de una intensidad que no puede ser igualada por un amor tranquilo y estable. Estilo turbulento de la pasión en el cual la lucha, el drama y el dolor realimentan la ilusión de que ese es el verdadero amor.

Ser todo para el otro, cerrar las ventanas al mundo, convertirse y convertir al otro en parte de uno mismo como intento de regresar a la Tierra Prometida, al Paraíso perdido donde todas las necesidades eran satisfechas automáticamente y no existían amenazas del mundo externo.

Búsqueda hacia adelante de lo que en realidad ha quedado atrás, se busca en el presente y se proyecta en el futuro lo que pertenece al pasado. En fin, el deseo de regresar, en lugar de disponerse a avanzar en la fascinante aventura de la vida.

DINÁMICA DEL VÍNCULO EXCITANTE

Esta forma de vincularse a través de la violencia se instala y consolida con el mutuo acuerdo (inconciente) de ambos participantes. Sin este convenio recíproco entre las partes no existe posibilidad de relación: nos encontramos frente a una demanda inconciente que encuentra una respuesta inconciente de aceptación.

Este vínculo consiste en el producto de la relación entre dos sujetos, uno de los cuales estimula, incita, provoca al otro, inyectándole lo que denomino un "Estímulo excitante". Queda así constituida una relación entre el sujeto que inyecta el "Estímulo excitante" y el sujeto inyectado, a la que designo "Vínculo excitante".

Lo inyectado consiste en un estímulo adecuadamente seleccionado para captar la atención del otro, implica un estudio y conocimiento previo del mismo para saber ante qué estímulos reaccionará y cuáles resultarán inocuos para él. El trabajo de investigación y selección de un estímulo capaz de excitar al otro pertenece a los procesos inconcientes del sujeto inyector. La característica de lo inyectado consiste en un "Estímulo excitante" cuyo objetivo de mínima es captar la atención de la persona. La pretensión puede consistir simplemente en convertirse en un foco de interés, o, si es de máxima, ocupar su mente de manera exclusiva.

Todos tenemos necesidad de un reconocimiento por parte de las personas que nos interesan. La aspiración de ser una persona significativa para otro, el anhelo de ser deseado, la estima de que podamos gozar, influirán de manera decisiva en nuestro narcisismo, ya sea positiva o negativamente.

Cada uno de nosotros necesita en algún momento la atención, tener un lugar en la mente de las personas que nos interesan. Pero la pretensión de llenar todo el espacio mental de otra persona, en todo momento, es decir, ser únicos, es índice de una perturbación psicológica grave. La descripción de la dinámica de estos casos extremos nos ayudará a comprender los mecanismos puestos en juego:

1. Lo inyectado, el "Estímulo excitante", es un contenido que posee la capacidad de despertar o activar –en la persona a la cual va dirigido– un torrente de emociones que, perturbando su pensamiento, no puede controlar.
2. La obnubilación resultante facilita el drenaje de las emociones, pues las posibilidades de contención han sido anuladas.
3. La respuesta emocional de la persona inyectada con el "Estímulo excitante" hace impacto en el sujeto inyector, quien pasa a ser inyectado; ahora será él quien es incitado, provocado.
4. Las sucesivas interacciones convierten al "Vínculo excitante" en un circuito cerrado. Es evidente que, si esta realimentación es exitosa, provocará un incremento del compromiso emocional de ambos participantes.

5. La progresión del "Vínculo excitante" dará como resultado el avance de cada uno de los sujetos en el aparato psíquico del otro y su paulatina conquista total. Se logrará de esta forma ser todo para el otro y ofrecerse para colmarlo.
6. Se recrea, de esta manera, una vinculación narcisista en la cual el sujeto "habita" en la otra persona, reproduciendo un estado privilegiado y único como aquel que existía en el vientre materno. Pensemos que el feto es huésped atendido en todas sus necesidades, recibiéndolo todo de inmediato y sin reclamos por parte del prestador de estos servicios.
7. El "Vínculo excitante" es permanentemente atacado por la realidad. El trabajo, las relaciones laborales, los diversos intereses, las necesidades corporales, etc., tienden a desplazar, aunque sea a intervalos, al sujeto, por lo cual este tiene que realizar esfuerzos continuos para reinstalarse.
8. Para reintegrarse y mantener vivo el vínculo se necesitan mayores dosis de estímulo; el "Estímulo excitante" debe serlo cada vez más, por lo cual se producen paulatinamente actuaciones de mayor compromiso emocional que implican serios riesgos para sus participantes.

El mecanismo de estimulación, que es la base de la constitución del "Vínculo excitante", y también este vínculo, forman parte del repertorio comunicacional de todo sujeto psíquico. Si utilizamos la metáfora de una obra de teatro donde esta forma de vincularse corresponde a un actor de reparto, la consideraría como parte integrante de los avatares de toda interacción humana. Si este "Vínculo excitante" ocupa el papel principal en la misma, no cabe duda de que nos encontramos ante un cuadro psicopatológico serio. O sea, que el grado de protagonismo de esta forma de vinculación determinará también el grado de patología del vínculo y de los sujetos vinculados.

Continuando el análisis del "Vínculo excitante", distinguiré tres variables que lo componen y de cuya interacción surgirá una resultante que lo caracterizará. A estas variables las denominaré: **Compromiso mental**, **Frecuencia de la estimulación** e **Intensidad del estímulo.**

El **Compromiso mental** expresa el lugar que ha conquistado el sujeto inyector en el espacio mental del inyectado, el territorio ocupado. Esto puede variar desde compartir con otros intereses la atención del inyectado, hasta ser el único objeto de consideración.

Llamo **Frecuencia de la estimulación** a la asiduidad con que se recurre al mecanismo de inyección para excitar al otro. Es un factor a tener en cuenta para determinar la gravedad del compromiso vincular.

La utilización esporádica de este mecanismo es propia de todos los sujetos psíquicos. Su uso continuo en un vínculo está indicando graves perturbaciones.

Otro índice a tener en cuenta es la **Intensidad del estímulo**, o sea, la magnitud de las emociones que se despiertan; estas componen un continuo que se desplaza desde la producción de una pequeña inquietud hasta la generación de intensas emociones difíciles de controlar y que causan desbordes.

El interjuego de estas variables determinará el grado de compromiso del self de los sujetos vinculados y el grado de patología del vínculo. A mayor compromiso mental, a mayor frecuencia de la estimulación y mayor intensidad del estímulo, tendremos caracterizado el cuadro de mayor riesgo de esta patología vincular. Este cuadro sería un extremo de un continuo en cuyo otro extremo figura una estructura con poco compromiso mental, con un uso esporádico de la estimulación y con una intensidad de las emociones que permite su contención.

Las personas que abusan de esta manera de relacionarse tienen perturbada su capacidad de amar, a través del "Vínculo excitante" intentan capturar al otro, poseerlo de manera exclusiva, introducirse en él para habitarlo y parasitarlo. En la misma dirección, Pittman (1989) expresa que el amor tiene poca relación con el enamoramiento, que es una forma de sufrimiento exótico y narcisista en el que el carácter especial de una relación cariñosa se distorsiona y se trueca en una obsesión acompañada de sufrimientos y sacrificios en el empeño de mantener una relación tan intensa que haga esfumarse el mundo y la realidad.

Los sentimientos de ternura y afecto son reemplazados por celos, posesividad, agresividad. Con respecto a la agresividad, esta juega un rol destacado. La agresión y su realimentación forman parte indisoluble de este vínculo.

La agresión es el arma necesaria para "penetrar" en el otro, para "conquistarlo", "poseerlo", habitar en él como único huésped. En este sentido une más que el amor, posibilita lazos más intensos, emociones al límite, el riesgo continuo, la constante excitación. La posesividad, la exclusividad, son posibles por la agresión que facilita el sometimiento y la esclavitud. La excitación emergente de las peleas, la forma de manejar el vínculo mediante el reproche continuo, las humillaciones inferidas, los insultos y la agresión física pueden llegar a extremos incontrolables.

En la vorágine pasional se materializa un deseo de posesión absoluta del objeto, esa posesión absoluta que al no poder satisfacerse llega en oportunidades a la destrucción del objeto o del sujeto, al suicidio o al homicidio. La agresión hacia el objeto implica una relación con el mismo; la desvinculación del objeto y del sujeto se relaciona con la indiferencia, con la no catectización, ya sea en las expresiones de libido o de agresión, pues tanto Eros como Thánatos son portadores de vínculo, de relación, de cercanía con el otro.

En la pareja violenta la agresión constituye una fuerte ligazón con el objeto. A través del par sadomasoquismo se revela lo oscuro y tenebroso de ese goce que se solaza queriendo quebrar los límites del objeto y hundirse con el mismo en una experiencia de unicidad narcisista.

5

Tres pilares del vínculo excitante

El deseo de someter y el de ser sometido, se entrecruzan en las relaciones eróticas.
IRENE MELER

Vamos a referirnos a tres conceptos del psicoanálisis que considero pilares en los cuales se apoya el "Vínculo excitante", que adquiere significación en la conjunción dinámica de regresión, narcisismo y sadomasoquismo.

REGRESIÓN

El concepto de regresión está íntimamente ligado al proceso de desarrollo o progresión de la libido y de las organizaciones y estructuraciones que despliega. Este concepto está relacionado al de fijación. La fijación prepara el terreno sobre el cual se producirá la regresión: no implica necesariamente a la regresión, pero constituye una virtualidad que dispone el camino a la misma.

La "progresión de la libido" entraña un desarrollo en el sujeto que va superando etapas, que va produciendo integraciones cada vez más complejas, desde niveles inferiores o primarios del desarrollo a niveles superiores. No es sólo un camino recorrido sino que ese camino señala el logro de acceso a organizaciones que tienen una jerarquía.

La adscripción a un "Vínculo excitante" nos habla de un fracaso de lo genital y un predominio de las estructuras pregenitales. Fracasada la estructura genital que se nutre en el cuidado, respeto y amor por el compañero, se facilita la emergencia de los componentes perversos sadomasoquistas, de los celos posesivos y de los deseos de fusión. La agresión, como componente "fuerte", "de peso", integra a ambos, manteniendo a la pareja pendiente en todo momento del otro; no hay sosiego y el vínculo deriva en fusión.

Hablando de fijaciones pregenitales (Freud, 1917 [1916-17]), podemos observar que el protagonista del "Vínculo excitante" tiene un remanente importante de fijación en la etapa oral. Esto explica su voracidad hacia el compañero en la relación vincular.

En cuanto al nivel anal del desarrollo libidinal, comprobamos la existencia de fijaciones anales importantes a través de su necesidad de controlar a la otra persona, de quitarle movimientos, independencia, poder de decisión, de contar con el otro a pleno antojo, sin límites, en todo lugar y a toda hora, junto con el predominio de pulsiones sadomasoquistas como forma vincular. Fairbairn (1939-51) dice que la técnica obsesiva representa un grado elevado de agresión hacia el objeto pues, ya sea este expulsado o retenido, está sujeto a un enérgico control.

SADOMASOQUISMO

Freud (1915) afirma que "la sensación dolorosa, al igual que otras sensaciones displacenteras, invaden el dominio de la excitación sexual y provocan un estado de placer, por amor al cual se puede también encontrar gusto al displacer del dolor".

"El concepto de sadismo comprende desde una posición activa y dominadora con respecto al objeto sexual hasta la exclusiva conexión de la satisfacción con el sometimiento y maltrato del mismo. En sentido estricto, solamente el último caso extremo puede denominarse perversión" (Freud, 1905).

Los hechos muestran que, incluso en los casos en que la tendencia a la destrucción, ya sea de otra persona o de uno mismo, se manifiesta de la manera más brutal, más cruel, puede existir siempre una satisfacción libidinal.

Según Benjamin (1995) no podemos decir que la fantasía sadomasoquista sea enemiga de lo erótico o externa a ello, pues ¿dónde encontraríamos una sexualidad exenta de la fantasía del poder y la entrega? ¿Existe sexualidad sin esa fantasía? No hay ninguna interacción erótica sin la sensación de que el sí-mismo y el otro ejercen poder, se afectan recíprocamente, y esa influencia es inmediatamente elaborada en el inconsciente en los términos más violentos de la sexualidad infantil.

Una paciente expresaba: "Para colmo, cuando me pongo nerviosa, me río. Cuando mi hermano me pegaba, me agarraban ataques de risa y todos creían que no me dolía. Y cuando mi novio me pega, de los nervios me río, y él se calienta más, se pone fuera de sí. Ayer me dijo: '¡De qué mierda te reís!' y me golpeó otra vez con una flor de patada y se fue". La paciente se encuentra en un estado de excitación, tanto cuando el que la golpea es el hermano como cuando lo hace el novio. Este estado de suma excitación es el que "calienta" a ambos y los incita a seguir.

Para Meler (1995) el placer, el dolor, la idealización respecto del otro, el deseo de someter y el de ser sometido, se entrecruzan en las relaciones eróticas, que son siempre a la vez relaciones de poder, entre los géneros y al interior de cada género sexual.

Choisy (1993) dice que las neurosis se dan en parejas. No habría sádicos si no los excitaran víctimas predispuestas. El mártir es tan responsable y no menos agresivo que el verdugo. No hay matrimonios más indisolubles que aquellos entre hombres y mujeres que riñen noche y día, se golpean, se odian y, sin embargo, no pueden vivir separados. Lo que une a estos hombres y mujeres son sus neurosis complementarias. Con la infalible certeza del instinto, la persona enferma se dirige rectamente al objeto que la perjudicará más.

"Un sádico es siempre, al mismo tiempo, un masoquista, y viceversa. El masoquista se identifica con quien le ocasiona sufrimientos, situándose fantásticamente en el lugar del sádico. Igualmente el sádico, al infligir dolor a otro, goza masoquísticamente mediante la identificación con el sujeto que sufre. Lo que sucede es que una de las dos formas de la perversión, la activa o la pasiva, puede hallarse más desarrollada en el individuo y constituir el carácter dominante de su actividad sexual" (Freud, 1905).

¿Cómo se explica que el erotismo pueda hallar su fuente en el sufrimiento? ¿Qué tiene la queja de tan excitante y cómo es que la expresión del dolor ocupa el centro de la cosa sexual?

Para Pommier (1989) existe un goce ligado a la expresión del sufrimiento del otro: Es común que, entre los recuerdos de infancia, el grito del goce femenino, la primera vez que se lo escuchó, haya sido tomado por un grito de dolor. El niño que percibe este tipo de ruidos puede interpretar los sollozos como signos de sufrimiento.

Confunde entre el goce y la queja porque él también, en su relación oscura con el falóforo, ha sentido ese sufrimiento en el momento en que, en plena rivalidad, era amorosamente feminizado por él. El niño no sabe lo que quiere decir feminizado, pero reconoce esos sollozos que lo conmueven por haberlos ahogado igualmente. La expresión del sufrimiento se muestra erótica.

El único medio para escapar a la violencia paterna según Pommier consiste en ser idéntico a él. Y el hombre dirigirá su violencia a un sujeto semejante a lo que él mismo era en el instante anterior, sujeto feminizado, como corrió peligro de serlo con respecto a este padre. En cuanto perciba los signos del sufrimiento que provoca, el dolor del otro lo excitará porque lo pondrá en la piel de aquel padre. Dar golpes es así un placer. Para ser viril tendrá que ser sádico, no con el carácter de una maldad general sino de una crueldad vuelta contra el objeto sexual. Su violencia contra lo femenino se exacerba por representar lo que él mismo estuvo a punto de ser en el instante anterior para el padre.

El "Vínculo excitante" sería inconcebible sin el componente sadomasoquista. Esta manera de relacionarse constituye un ligamen privilegiado en cuanto a la intensidad de las emociones que moviliza. ¿Qué otra forma puede ser más extraordinaria, más fuerte, más excitante que esta?

Laura, una paciente de treinta años, profesional, describe así el vínculo con su marido: "Si se tratara de un tipo que fuera bueno, que me diera los gustos... pero él me deja sin dinero, me pega, hace lo que se le da la gana. Entra y sale cuando se le ocurre. Yo me lo paso como una boluda. Cuando no está me siento mal y cuando vuelve pienso: 'Te estás preocupando por este'. Me da asco, a veces pienso que es un psicótico. El sábado después de golpearme salió de casa y vino a las tres de la mañana. Yo no había podido dormir, como si fuera la mamá que lo está esperando; no puedo respirar, tiemblo toda, estoy como una histérica. Le pregunté dónde había estado y me dijo que en casa de unos amigos. Yo hice como que no había pasado nada, aunque me dolían los golpes; él no me daba bola. Pero me sentía contenta, no estaba sola, prefería estar acompañada. Yo deseo que se vaya de casa de una vez por todas, que no vuelva más; cuando está conmigo no lo quiero, pero si no está lo necesito. Me siento como si fuera drogadicta, uno sabe que la droga le hace mal... Bueno, a mí me pasa lo mismo, es una relación que me hace mal pero no la puedo dejar".

Laura expresa con claridad la situación de conflicto entre sus anhelos concientes de separarse de este marido que la maltrata y sus deseos inconcientes de continuar este vínculo sadomasoquista.

NARCISISMO

Dice Lipovetsky (1983): "Cuanto más la ciudad desarrolla posibilidades de encuentro, más solos se sienten los individuos; cuando las relaciones se vuelven más libres, emancipadas de las viejas sujeciones, más rara es la posibilidad de encontrar una relación intensa. En todas partes encontramos la soledad, el vacío, la dificultad de sentir, de ser transportado fuera de sí; de ahí la huida hacia adelante en las *experiencias* que no hace más que traducir esa búsqueda de una *experiencia* emocional fuerte. ¿Por qué no puedo yo amar y vibrar? Desolación de Narciso, demasiado bien programado en absorción de sí mismo para que pueda afectarle el Otro, para salir de sí mismo, y sin embargo insuficientemente programado ya que todavía desea una relación afectiva".

En este panorama, la familia nuclear, reducida, constituye el refugio emocional, para algunos exclusivo, fomentando la dependencia de sus miembros y concentrando en su interior la satisfacción de las necesidades afectivas.

Narciso, deseoso de amor y pasión, desterrado del espacio público, recluido en la intimidad de su reducido núcleo familiar y en un entorno escasamente poblado de otras relaciones afectivas, está al acecho. Su distancia emocional, sus relaciones "cool" pueden derrumbarse como un dique que se quiebra por la presión de las aguas y allí surge la fuerza de la pasión, la violencia de la posesividad; la necesidad de dominio narcisista sobre el objeto se despliega como vela al viento.

Narciso convoca al otro como tabla de salvación para exorcizar los sentimientos de soledad y vacío; le exige cada vez mayor proximidad, la intimidad ilimitada, la entrega incondicional, la dedicación total.

La violencia, ya sea física o psicológica, le servirá para derribar las puertas que el otro tiene cerradas, para penetrarlo, violando y ocupando todo su espacio psíquico disponible, para convertir a su pareja en un objeto privado, incompartible. El destinatario de este desborde emocional, sujeto prisionero del mismo deseo y del mismo sino, partícipe fascinado de este vértigo, acepta la apuesta pasional, también él, hambriento de emociones. Esta clase de acontecimientos, estas vivencias de alto voltaje, la presencia de la lucha, del drama y el dolor les hace creer que se encuentran con el verdadero amor.

La experiencia emocional tempestuosa monopoliza a la pareja alejándola de los sentimientos de soledad y vacío. La excitación originada en estas relaciones pasionales no admite comparación con el sentimiento calmo y estable de una relación amorosa. Los sobresaltos de la impetuosidad pasional, la imprevisibilidad de sus actores, la perentoriedad del reclamo, la euforia, el odio, los celos, el descontrol, son sucesos privilegiados de dos personas que se lanzan al abismo para alejar de sí el miedo y el vacío de sus existencias.

La libido narcisista extenderá sus brazos, ávidos de relación emocional, para rodear y encerrar al otro, tan deseoso como él de arder y vibrar. Convocados a la expresión de las pasiones, a la liberación de las emociones postergadas, al encuentro lleno de promesas, el lobo ciudadano de la jungla de cemento atrapa a su presa para incorporarla canibalísticamente.

Narciso captura (y es capturado por) su presa a la que somete, a la que impone servidumbre, a la que considera su posesión y a la cual reclama una entrega total e incondicional. Cree encontrar al otro del paraíso perdido, al de la díada infantil al cual él también promete el compromiso total. Narciso "ama con locura".

RUPTURA DE LA PAREJA PASIONAL

Cuando la pareja pasional se separa, ya sea de mutuo acuerdo o porque uno de ellos impone la ruptura, sus componentes tendrán distintas opciones:

1. La construcción de una relación similar a la que han abandonado, por imperio de la compulsión a la repetición.

2. Integrarse en una relación distinta que permita a los sujetos una mayor libertad y el desarrollo de potencialidades hasta entonces descuidadas. Si lo pasional no está en juego, es porque el sujeto ha tomado una distancia emocional del objeto a los fines de impedir la eclosión de los celos posesivos y de la conducta violenta. Esta distancia le permite vivir la relación con calma y tranquilidad, posibilitando la manifestación de afecto y de la comprensión. Pero, a pesar del confort logrado con la nueva pareja, a pesar de que el sujeto conoce las consecuencias de su experiencia loca y perturbadora, no deja de añorar el vínculo pasional.

Dice Milmaniene (1998) que "las parejas que se articulan en torno al pacto simbólico padecen de las desventuras y conflictos inherentes al vivir y a las miserias neuróticas, que signan las alegrías y las desdichas de todo encuentro. Las otras, fascinadas por la pasión, sucumben al goce, que arrastra a los sujetos a su abolición subjetiva. Los primeros penan por lo que suponen "se pierden", deseando la pasión sin pagar costo alguno; los segundos, abrumados por el desenfreno, se enferman por no renunciar al goce. Inevitable malestar en la cultura: o bien la estabilidad con el goce dosificado –que ya es placer–, o bien el caos pasional con el consiguiente desquiciamiento subjetivo. ¿Cómo aproximarse a la síntesis imposible de la pasión con la "normalidad" de un vivir, en donde lo que se gana por un lado –estabilidad y permanencia– se pierde por el otro –goce–?".

Según Ruesch (1964), el paciente desearía liberarse de las discusiones eternas y frustrantes, "pero cuando está a punto de establecer una nueva relación con un ser humano que no participa de este embrollado juego, encuentra que la vida pierde sentido".

"En ciertas oportunidades, esta modalidad pasional lleva a la necesidad de disolución del vínculo de pareja ya que, de seguir sosteniéndose, surge el riesgo de la pérdida de identidad de alguno de sus miembros. Sin embargo, cuando esta alienación obtura un agujero en la constitución subjetiva, la separación pone en juego la aparición de la angustia de desamparo, lo cual plantea el dilema de un vínculo que, si se sostiene, desubjetiviza a sus miembros, pero que, si se rompe, promueve la aparición de la vivencia terrorífica del cuerpo fragmentado" (Matus y de Selvatici, 1997).

3. La tercera salida estaría señalando un desarrollo personal hacia la salud, generalmente por un tratamiento psicoanalítico o psicoterapéutico. Por supuesto, ello es posible cuando el sujeto vive de manera egodistónica su relación pasional, cuando siente que no tiene deseos de proseguir en la misma, cuando sus deseos concientes de paz y bienestar cobran fuerza y puede luchar contra los sentimientos inconcientes de fusión.

Será necesario –expresa Corres Ayala (1996)– sustituir el tiempo circular de la repetición por una apertura hacia lo imprevisible del futuro, aun cuando ello implique otro tipo de sufrimiento, el de enfrentar lo desconocido con la ganancia de haber escapado a la destrucción. Se lucha contra la certidumbre tanática de la repetición y de su significación en los síntomas neuróticos, los cuales, de alguna manera, contienen la identidad del individuo y representan su ser, aun cuando ello lo ubique en una situación de dolor.

Es bastante difícil que una pareja pasional pueda transformarse en una pareja en la cual los sentimientos de amor y respeto al otro tengan primacía; una manera de relacionarse tiende a repetirse aun contra la voluntad de la pareja.

Con frecuencia, uno de los sujetos implicados, por distintos motivos, se decide a abandonar la relación. Lo esperado en estos casos es que el abandonado procure de todas las maneras posibles reconstituir el vínculo. Es frecuente que someta a un acoso extraordinario a su ex pareja, que emplee todas las formas de seducción y de amenaza imaginables y que esta actitud pueda persistir durante años. En los casos extremos este empeño termina en el crimen pasional; el sujeto mata a la persona que lo abandona y se suicida.

Al respecto opina Galende (1992) que "el duelo se hace imposible por la pasión que anuda al yo con su objeto odiado-amado. En ella se muestra en extremo el dilema narcisista: el yo y el objeto, finalmente *uno*, como exige toda pasión verdadera, se precipita no en la felicidad eterna sino en la muerte. "La sombra del objeto cae sobre el yo", dijo Freud en su texto, señalando cómo, en la consumación final del deseo canibalístico de devorar al objeto, el yo no hace más que precipitarse en un mismo destino.

La conducta de reclamos y acoso permanente es fruto de la convicción del sujeto de que la pareja es suya, de que él es dueño o propietario de algo cuya posesión y disfrute le están negando y de que por lo tanto se siente despojado, engañado, estafado y traicionado. Por ello, cuando el objeto no atiende las razones esgrimidas para la reconciliación, el sujeto se siente con derecho a tomar venganza por sus propias manos, en la medida en que no hay una legislación que haga valer sus derechos de propiedad.

Es como la conducta del niño que piensa y siente que "mamá es mía" y que, cuando llega un hermanito, lo considera un intruso que ha llegado a desposeerlo de su pleno derecho al disfrute de la madre. Esta es la situación del sujeto de la pareja pasional, pues él confunde el objeto sexual adulto con el objeto primario madre, y madre hay una sola, y si la pierde, el niño pierde también su posibilidad de vivir, pues ella es como el objeto de la pasión: único e irreemplazable.

El sujeto abandonado estará mejor posicionado si puede desplazar –siguiendo la cadena o la serie de desplazamientos– su libido a otro objeto que pueda ser un buen continente del objeto primario que trata de recrear. Esto obedece quizás a mecanismos muy complejos, pero no hay duda de que estaría actuando lo que designamos como "movilidad de la libido" (Freud, 1916[1917]), que contrariamente a la cristalización o fijación de la misma facilitaría su desplazamiento.

Lo que no se produce es la descatectización del objeto primario. Se mantiene la intensa fijación al mismo; la carga libidinal libre envuelve al nuevo objeto para recrear así el vínculo con el objeto primordial.

6

Los celos

Se hace necesario proteger
a la pareja de los embates del
sujeto, y proteger al sujeto
del amarre de la pareja.
RICARDO ESTACOLCHIC

NO HAY DOS SIN TRES

Los celos son propios del ser humano. Cuando un chico nace, la mamá se ocupa mucho de él, cuidándolo permanentemente, pero en un momento determinado aparece el papá y el pequeño se da cuenta de que la mamá no sólo tiene ojos para él, y así comienzan las situaciones de exclusión que dan origen a los celos, celos que se van a prolongar en la guardería, la escuela, la universidad, el trabajo y la pareja. Estos sentimientos forman parte de nuestra naturaleza y nos acompañarán durante toda la vida.

"Los celos –opina Claire Deloupy Marchand (1998)– son tan antiguos como la historia de la humanidad, como el principio de la historia de cada sujeto. Acontecen en el cachorro humano en posición de humanización con la aparición del tercero. Pertenecen a la propia constitución del sujeto. Constituyen la entrada al deseo. Por eso no hay sujeto sin celos. Sin celos no hay otro, sin celos no hay deseo, no hay sujeto. El niño pequeño, en estado infans, no siente celos. Vive en la permanente ilusión de que él y la madre se completan. Él y ella llegan a ser dos cuando ella desvía la mirada hacia el tercero. Escisión constituyente que se irá repitiendo a lo largo de toda la vida del sujeto, en cada crecimiento, en cada transformación."

Los celos son constitutivos del sujeto; para que el niño devenga ser humano tiene que experimentar la primera decepción, para advenir como sujeto es necesaria la existencia de un otro. Citando a Lacan, Denise Lachaud (1998) señala que "la triangulación debe intervenir lo antes posible ya que es una buena defensa contra la relación dual imaginaria y permite la sana expresión de los conflictos".

Sin celos no hay otro, tampoco hay deseo ni sujeto. Cuando el tercero aparece el niño puede constituir su yo discriminándose de la madre, ya no es parte de ella, ni ella es parte de él, son diferentes. Cuando esto ocurre y se ingresa a la triangularidad, se produce la ruptura de la unidad madre-niño; no son dos hasta que aparece el tercero que le permite al niño constituir su yo diferente de otros. Pero ese objeto que irrumpió en esa unidad va a ser centro de rivalidad y celos.

Así lo expresa Paula Malugani (1998): "Antes de los celos, el otro y yo éramos la misma cosa. En psicoanálisis decimos que el número dos no existe sino como máscara de lo único, para que haya dos tiene que haber por lo menos tres. El otro puede servirme para ser sujeto y a veces para ser uno. Que haya otros puede ser pura apariencia, porque sólo hay otros si lo que me produce a mi es una transformación, si me sirve para ser sujeto, si no, no hay otros".

El motor del deseo es el anhelo de reencuentro con el objeto primario, búsqueda incesante en la cual se va la vida y que a la vez nos permite vivir. Infidelidad con el objeto actual, pues el encuentro sexual de mayor plenitud con el objeto real siempre nos reserva un grado de insatisfacción –dado que no es el objeto primario que otorgaría la completud narcisista– que nos obliga e invita a repetir la experiencia, que nos impulsa a la búsqueda de aquella satisfacción última que, al no ser encontrada, nos permite, sin embargo, placeres sustitutivos.

SOBREVALORACIÓN DEL RIVAL

Como hemos visto, los celos tienen una raíz infantil que le confieren sus características más destacadas. El bebé –y más adelante el niño– percibe al tercero (su padre) dotado de poderes ilimitados. Así como cuando de adultos visitamos nuestra escuela de la infancia ésta nos parece mucho más pequeña, nuestra percepción de las personas en nuestros primeros años de vida las convierte en sujetos destacados. Mientras el infante sólo puede pronunciar unas pocas palabras, los adultos que le rodean hablan incansablemente y con fluidez; mientras apenas puede gatear o dar unos pasos, los adultos pueden caminar, correr, saltar, alzarlo, hamacarlo. El niño que depende de manera absoluta de sus padres, tan grandes mientras que él es tan pequeño, cae en la cuenta de que su madre, ese ser tan necesario para su subsistencia, desea a su padre, un ser poderoso. Por lo tanto, cuando la situación de celos se recrea en la vida adulta, el celoso se siente en inferioridad de condiciones, piensa que hay otro que puede ser más satisfactorio para su pareja, que los otros tienen más recursos. Se suele decir, entonces, que esta persona es insegura, que no tiene confianza en sí misma, en sus valores. Pero es insegura por la situación, dado que existe una sobrevaloración del rival propia de la estructura parental. El otro es portador de mayores valores. Él o ella vale menos, pues está jugando en un escenario adulto con una trama infantil, confiriendo más atributos al rival, tal como éste los tenía cuando era un niño.

EL PASADO PRESENTE

Mientras que el amor tierno acepta que el otro no sea todo, en el amor posesivo, pasional, celotípico se pretende no sólo que el otro sea todo, sino ser todo para el otro. No se conforma el sujeto con ser un objeto privilegiado, pretende ser el objeto único, ser todo para el otro y poder asimismo encontrar en el otro todo lo necesario. Planteadas así las cosas, nos remiten a la situación de objeto único, pues madre hay una sola, no es objeto del deseo, es objeto de la necesidad, irreemplazable y necesaria para la subsistencia. Este objeto único nos podrá colmar. Para ello debemos eliminar al rival, suprimir toda alteridad, deseo canibalístico del sujeto de hacer uno de dos.

Según Deloupy Marchand (1998), "Los celos en tanto patología son una fijación empecinada en el pasado, frente al constante y jubiloso desplazamiento del deseo, un intento inútil y cruel de querer parar el tiempo". Constituyen un rechazo al hecho de ser mortal, al conocimiento, es quedarse en estado infans demandante y rechazar la mortalidad. Representan un pasaje doloroso desde la omnipotencia infantil a la relación de objeto, una pérdida de la unidad con la madre que garantizaba un estado de felicidad sin fallas. Establecida la relación de objeto, aparecen en el universo el "yo, tú, él, ella".

En el futuro se procurará que las elecciones de objeto garanticen perpetuar los modos anteriores de relación, excluyendo a los otros. El hombre y la mujer tienen las mismas motivaciones: el reencuentro con la madre (perdida al nacer, prohibida por la cultura) en un intento de eliminar la terceridad de la vida psíquica, retornar a la diada. El deseo de posesión es siempre un deseo insatisfecho, pues sujeto y objeto buscan en el otro aquello que el otro no es: el amor perdido de la infancia.

Es en este sentido que Milmaniene (1998) sostiene que: "El amor se configura así como el intento pasional –fallido pero eficaz– de dar el "objeto" que no se tiene y recuperar el "objeto" del que el Otro también carece. Ilusión: sostener que lo que a mí me falta lo tiene el Otro o bien, al contrario, suponer que yo tengo lo que el otro carece. Desilusión amorosa creativa: aceptar que ambos carecen de objeto, consintiéndose cada uno en la aceptación de la falta, para entonces sí unirse a través del deseo".

La raíz infantil de los celos perdura a lo largo de nuestra vida y no distingue entre hombres y mujeres. Dice Lauchad (1998): "sea cual fuere el sexo, los celos son una demanda de ser el Único, el irreemplazable para el otro, aquello que es ya una posición imaginaria de totalización, una anulación de la alteridad, una aspiración hacia el UNO".

En mi trabajo clínico he observado una mayor violencia en la exteriorización de los celos masculinos; quizás esto se deba no sólo a la ofensa narcisista que puede provocar la infidelidad, sino también al hecho adicional de que el hombre puede sentirse vejado homosexualmente, castrado; desde esta perspectiva los celos constituirían una feminización.

COSA DE DOS

Con respecto a los celos, debemos considerar que cuando uno de los miembros de la pareja los manifiesta, nos encontramos frente a una "pareja celosa", es decir que estos sentimientos no son patrimonio de uno de sus integrantes, sino que forman parte indisoluble de la pareja y de su interacción. Lo que sostengo es que los celos son un problema de dos, se juegan dentro de un vínculo con la participación de ambos miembros. Si bien uno de sus componentes puede (conscientemente) sentirse molesto u ofendido por los celos del otro, en el sistema inconsciente existe la gratificación de que alguien esté preocupado por sostener ese amor y con tanto miedo de perderlo.

Comprobamos que, así como uno de ellos puede jugar el papel de víctima y otro el de victimario, igualmente pueden jugarse indistintamente los papeles de celoso y objeto de celos.

Los celos, que tanto hacen sufrir, constituyen para muchas personas una brasa ardiente que tratan de pasársela al otro. Los roles en estos casos pueden ser fijos o intercambiables.

Una anécdota me servirá para ilustrar este punto. Viene a mi casa un hombre joven para realizar unos arreglos. Al abrirle la puerta está hablando por su teléfono celular, luego en diversas oportunidades tiene que interrumpir el trabajo para atender llamadas. Me aclara que su mujer es muy celosa y que lo llama continuamente para controlarlo. Esta explicación la encuentro incompleta, pues si bien es cierto que la esposa no le pierde pisada con sus continuos llamados, también él puede conocer lo que su esposa hace en todo momento; de esta manera la pareja se controla mutuamente.

DE LOS CELOS A LA CENSURA DEL OTRO

Según Grinberg (1985), en la situación de celos, uno de los rasgos específicos es el sentimiento de humillación que invariablemente lo acompaña, debido al agravio que representa para la propia confianza y seguridad. La persona celosa cree profunda e inconcientemente que si no es amada, o le parece no serlo, es porque no es digna de ese amor. Suele reaccionar con furia y agresión para encubrir y contrarrestar sus sentimientos de humillación y culpa y la vivencia de carecer de cualidades y valores suficientes para merecer dicho amor. El peligro del abandono y la amargura del desamparo refuerzan e incrementan el mecanismo proyectivo por el cual intenta aliviarse, odiando y condenando a su pareja o, en forma más desplazada, a su rival. La maldad, los defectos y la culpa se ven en el otro y se lo condena implacablemente por ello.

Es así que se desvaloriza, se denigra, se critica al rival real o fantaseado proyectando en él todo lo propio malo e indeseable. De esta manera el yo del sujeto queda libre de todos los aspectos malos o reprobables (especialmente aquellos que rechaza la persona a la que se desea agradar), y guardando para sí todo aquello juzgado valioso.

En caso de ser una persona interesada en el dinero o la figuración social se adjudicará al rival un desmedido interés por la posición de la persona deseada y una falta de amor que justifique una relación.

LOS CELOS Y LAS ANSIEDADES HOMOSEXUALES

En el hombre surgen sentimientos de envidia hacia la mujer, en cuanto esta tiene acceso a un goce para él vedado, que es el encuentro con el pene, que representa la unión deseada por el niño con el padre. Este deseo sexual es reprimido, pues sería colocar al sujeto en una posición pasivo-femenina, o sea, la de sujeto castrado.

"De allí la delectación sensual con la que el celoso investiga, dado que lo que busca confirmar es sencillamente el goce de su mujer –con la que se halla identificado– con relación a un tercero homosexualmente deseado. Las frecuentes indagaciones por las características físicas y/o las conductas eróticas del Otro dan cuenta de lo dicho. El celoso se ubica como un niño excitado frente a la reiteración de una escena primaria que lo excluye una vez más, no debiéndose olvidar que, si bien cela a la mujer, lo más profundamente reprimido son los celos homosexuales, dado que ella recibe el pene que él desea y que le está vedado" (Milmaniene, 1998).

En la mujer la envidia se centra en que el hombre es poseedor de un pene que no es sólo un órgano que puede proporcionar un goce superior al del clítoris por su tamaño (léase envidia del pene), sino que también le permite vincularse sexualmente con la mujer-madre. Es así que las fantasías homosexuales se depositan en el compañero sexual a través del cual, identificándose con él, logra satisfacerlas.

"Por eso las histéricas viven generando situaciones celotípicas, precisamente con las mujeres que ellas desean, y a las que luego de una escena celosa, las constituyen recién entonces como objeto erótico para el hombre. El ataque celotípico confiere existencia tanto a la sujeto como a la deseada y odiada competidora. Que la detección anticipada de una posible rival por parte de la mujer hace que el hombre recién entonces comience a desearla, de modo tal que el deseo siempre aparece en su génesis como deseo del Otro. Es la originaria mirada deseante de ella la que constituye a la Otra como objeto de deseo de él, cerrándose de este modo el triángulo configurado por dos mujeres que se desean a través de un hombre" (Milmaniene, 1998).

Como los deseos homosexuales no son privativos de la mujer, ocurre generalmente que él o ella comienzan a señalar a otra persona (convertido en rival) como alguien que busca a su pareja con deseos de intimidad, desatando escenas de celos y reprochando la actitud complaciente o seductora del partenaire: "estás de conquista en mi presencia", "me hacés quedar como un/a idiota", "todos se dan cuenta de que la/o estás seduciendo", "no puede pasar desapercibido que él/ella está caliente con vos", "se la pasa mirándote", "si querés quedarte con él/ella, yo me voy, pero no quiero hacer un papelón", "que mi pareja me quiera engañar delante de mis narices es el colmo". De esta manera llaman la atención del partenaire en la persona elegida, aquella que despierta los deseos homosexuales reprimidos, no reconocidos por el sujeto. De ahora en más, todo dependerá de la buena voluntad del partenaire para materializar estos deseos inconcientes de su pareja.

Por las anteriores consideraciones, no resulta extraño que las infidelidades se concreten con personas allegadas y muy apreciadas y queridas por el otro, aquellas con las que se comparte el cariño y la intimidad. Él con la mejor amiga de ella; ella con el amigo de toda la vida de él, así se cierra el triángulo, cuando uno de los cónyuges hace de puente para las fantasías de encuentro homosexual con el objeto de amor deseado y negado del otro.

Otra manera de jugar estas fantasías homosexuales en el interior de la pareja (en general como estimulante del deseo sexual) es la de contarse "historias" o "cuentos" que relacionan a uno de ellos con otra persona y describiendo detalles íntimos de un supuesto encuentro sexual. O el relato de las intimidades de la relación sexual con parejas anteriores. De esta forma ambos se convierten en espectadores de una relación sexual como aquellas que mantenían sus padres y que alguna vez presenciaron o imaginaron. Se identifican con el niño excluido y excitado de la historia, pero con la convicción de que en esta oportunidad no quedarán expuestos a la insatisfacción de antaño.

CELOS RETROSPECTIVOS

Los celos retrospectivos son protectores de la alteridad, de la singularidad del otro, otro que en el pasado fue de otro. La existencia de otro originario, tanto para el hombre como para la mujer convierten a la pareja en alguien que no es factible de ser propiedad exclusiva, pues antes perteneció a otro. Estos celos son defensores de la individualidad, resguardando al sujeto de la alienación.

"Este en algún lugar ya no me pertenece, porque originariamente hubo un tercero que selló mi exclusión a la vez que mi imposibilidad por un reencuentro pleno, que en tanto fusión narcisística implica lo siniestro que evoca la inminencia de la percepción de toda abolición subjetiva" (Milmaniene, 1998).

DE LA ENVIDIA A LOS CELOS

Para Melanie Klein (1969), entre la envidia y los celos debe ser hecha una distinción. La envidia es el sentimiento destructivo contra otra persona que posee o goza de algo deseable, siendo el impulso envidioso el de quitárselo o dañarlo. Además la envidia implica la relación del sujeto con una sola persona y se remonta a la relación más temprana y exclusiva con la madre.

Los celos para Klein están basados en la envidia, pero comprenden una relación de por lo menos dos personas y conciernen principalmente al amor que el sujeto siente que le es debido y que le ha sido quitado, o está en peligro de serlo por su rival. En la concepción corriente de los celos un hombre o una mujer se sienten privados por alguien de la persona amada.

Si la envidia no es excesiva, dice Klein, los celos en la situación edípica se convierten en un medio para elaborarla. Cuando se experimentan celos, los sentimientos hostiles son dirigidos no tanto contra el objeto primario sino más bien contra los rivales –padres o hermanos–, lo cual favorece la distribución; al mismo tiempo, cuando estas relaciones se desarrollan, dan lugar a sentimientos de amor convirtiéndose así en una nueva fuente de gratificación.

En el varón, una buena parte del odio es desviada hacia el padre, quien es envidiado debido a la posesión de la madre. Estos son los típicos celos edípicos. En la niña, los deseos genitales hacia el padre la capacitan para encontrar otro objeto amado. De este modo los celos reemplazan hasta cierto punto la envidia, convirtiéndose la madre en la rival más importante.

Es esencial, asimismo, considerar que la elaboración de la envidia mediante los celos constituye al mismo tiempo una defensa importante contra ella. Los celos son mucho más aceptables y causan bastante menos culpa que la envidia primaria, la cual destruye al objeto bueno primitivo.

LOS CELOS PROTEGEN AL OBJETO ELEGIDO

Los amantes, comprometidos en una relación amorosa con el propósito de satisfacerse sexualmente, suelen apartarse de las otras personas para proteger su intimidad y con el convencimiento pleno de que no necesitan de nadie más para sentirse completos. Cuanto más amor sienten el uno por el otro, más desean estar solos y a salvo de la mirada de los demás.

Debemos considerar también que los celos desmesurados tienden a proteger la unidad con el amado y a alejarlo de la mirada deseosa de los otros. Por eso el clásico corazón que dibujan los enamorados contiene el nombre de los dos, indicando claramente sus deseos de ser uno solo, de fundirse con el otro. Estos afectos tienden a separarlos del resto y proteger al elegido de sus lazos anteriores.

Es por ello que Freud dice que sólo cuando el factor tierno de un vínculo amoroso queda totalmente relegado tras el factor sexual se vuelve posible el coito de una pareja en presencia de terceros o la realización de actos sexuales simultáneos dentro de un grupo, como en la orgía. Pero entonces tendríamos una regresión a un estado anterior de las relaciones entre los sexos, en que el enamoramiento no desempeñaba todavía papel alguno y todos los objetos sexuales tenían igual valor.

CELOS NORMALES, CELOS PATOLÓGICOS

Ahora bien, los celos pueden ser normales o patológicos; tomemos como ejemplo el miedo: el miedo constituye una advertencia ante una situación de peligro, es un semáforo que nos indica que debemos protegernos ("no hagas esto", "tené cuidado", "no te confíes", etcétera). Pero hay miedos que nos impiden salir a la calle, rendir un examen, concurrir a un espectáculo público, viajar, entonces decimos: este miedo no nos protege, nos limita, es patológico.

Lo mismo vale para los celos, dado que forman parte de nuestra vida, pueden participar como ingredientes en una relación amorosa, como "prueba de amor". Pero debemos tener en cuenta que el amor implica cuidar del otro, de su bienestar, de sus realizaciones, respetar sus necesidades y su individualidad; la persona que ama a otra fomenta el desarrollo de la misma, el crecimiento de todas sus potencialidades y para ello es necesaria la libertad y la independencia del otro, para estudiar, para trabajar, para relacionarse con familiares, con amigos, con los compañeros de trabajo, para practicar deportes, etcétera. La libertad que posibilita las experiencias vitales enriquece a las personas y por tanto al vínculo de pareja.

En contraste, cuando el amor es invadido por los celos patológicos, el control, la posesividad y el sometimiento van ocupando su lugar provocando un empobrecimiento del sujeto y de la pareja. El otro no es percibido como una persona independiente sino como un objeto de propiedad exclusiva.

Freud (1922 [1921]), en su trabajo "Sobre algunos mecanismos neuróticos en los celos, la paranoia y la homosexualidad", dice que los *celos* se cuentan entre los estados que podemos llamar normales y que, cuando parecen faltar en el carácter y la conducta de un hombre, está justificado concluir que han sufrido una fuerte represión y por eso cumplen un papel tanto mayor dentro de la vida anímica inconsciente. Y realiza una clasificación de aquellos casos que dan intervención al análisis como: 1) *de competencia* o normales; 2*) proyectados*, y 3) *delirantes.*

Sobre los *celos normales* hay poco que decir desde el punto de vista analítico. Se echa de ver fácilmente que en lo esencial están compuestos por el duelo, el dolor por el objeto de amor que se cree perdido, y por la afrenta narcisista, en la medida en que esta puede distinguirse de las otras; además, por sentimientos de hostilidad hacia los rivales que han sido preferidos, y por un monto mayor o menor de autocrítica. Estos celos, por más que los llamemos normales, arraigan en lo profundo del inconsciente, retoman las más tempranas mociones de la afectividad infantil y brotan del complejo de Edipo o del complejo de los hermanos del primer período sexual. Comoquiera que fuese, es digno de notarse que en muchas personas son vivenciados bisexualmente, esto es: en el hombre, además del dolor por la mujer amada y el odio hacia los rivales masculinos, adquiere eficacia de refuerzo también un duelo por el hombre al que se ama inconscientemente y un odio hacia la mujer como rival frente a aquel. Y aun sé de un hombre que padecía cruelmente con sus ataques de celos y que, según él sostenía, era traspasado por las torturas más terribles al trasladarse inconscientemente a la posición de la mujer infiel. La sensación de encontrarse inerme, las imágenes que hallaba para su estado –como si él, cual Prometeo, hubiera sido expuesto para pasto de los buitres o, encadenado, lo hubiesen arrojado a un nido de serpientes– las refería a la impresión de varios ataques homosexuales que había vivenciado de muchacho.

Los *celos del segundo estrato, o proyectados*, provienen, así en el hombre como en la mujer, de la propia infidelidad, practicada de hecho, o de deseos de infidelidad que han caído bajo la represión. Es una experiencia cotidiana que la fidelidad, sobre todo la exigida en el matrimonio, sólo puede mantenerse luchando contra permanentes tentaciones. Quien las desmiente dentro de sí mismo siente empero sus embates con tanta fuerza que es proclive a echar mano de un mecanismo inconsciente para hallar alivio. Se procura tal alivio, y hasta una absolución de su conciencia moral, proyectando a la otra parte, hacia quien es deudor de fidelidad, sus propias impulsiones a la infidelidad. Este poderoso motivo puede servirse después del material de percepciones que delata mociones inconscientes del mismo género en la otra parte, y acaso se justifique con la reflexión de que el compañero o la compañera probablemente no son mucho mejores que uno mismo.

Las costumbres sociales han saldado cuentas sabiamente con este universal estado de cosas permitiendo cierto juego a la coquetería de la mujer casada y al donjuanismo del marido, con la esperanza de purgar y neutralizar así esa innegable inclinación a la infidelidad. La convención establece que las dos partes no han de echarse en cara estos pasitos en dirección a la infidelidad, y las más de las veces consigue que el encendido apetito por el objeto ajeno se satisfaga, mediante un cierto retroceso a la fidelidad, en el objeto propio. Pero el celoso no quiere admitir esta tolerancia convencional; no cree posible la detención o la vuelta en ese camino que una vez se emprendió, ni que el "flirt" social pueda ser, incluso, una garantía contra la infidelidad efectiva. En el tratamiento de uno de estos celosos es preciso evitar ponerle en entredicho el material en que él se apoya; sólo puede procurarse moverlo a que lo aprecie de otro modo.

Los celos nacidos de una proyección así tienen, es cierto, un carácter casi delirante, pero no ofrecen resistencia al trabajo analítico, que descubre las fantasías inconscientes de la infidelidad propia. Peor es la situación en el caso de *los celos del tercer estrato, los delirantes* en sentido estricto. También estos provienen de anhelos de infidelidad reprimidos, pero los objetos de tales fantasías son del mismo sexo. Los celos delirantes corresponden a intensos deseos homosexuales y con derecho reclaman ser situados entre las formas clásicas de la paranoia. En su calidad de intento de defensa frente a una moción homosexual en extremo poderosa, podrían acotarse (en el caso del hombre) con esta fórmula: "Yo no soy quien lo ama; *ella* lo ama".

Señala Freud que frente a un caso de delirio de celos, habrá que estar preparado para hallar celos de los tres estratos, nunca del tercero solamente.

7

Los celos 2

LOS CELOS DEVENIDOS AMOR

Freud (1922 [1921]) en "Sobre algunos mecanismos neuróticos en los celos, la paranoia y la homosexualidad" nos habla de un mecanismo que lleva a la elección homosexual de objeto, aunque no arriesga en cuánto deba estimarse su papel en la conformación de la homosexualidad extrema, la manifiesta y exclusiva. Freud observó que en los primeros años de vida, en aquellos varones que sentían muchos celos hacia hermanos mayores por el amor de la madre, que estos celos eran portadores de una inusitada hostilidad hasta el punto de desearles la muerte a los mismos, pero que sucumbían en el proceso de desarrollo. Bajo la influencia de la educación y la imposibilidad de realizar estas agresiones, no sólo se llegaba a la represión de estos deseos destructivos sino que incluso se convertían en su contrario. Así, los odiados rivales se convertían en objetos de amor homosexuales.

En el mismo texto Freud agrega: "Un desenlace así del vínculo con la madre exhibe múltiples e interesantes relaciones con otros procesos que conocemos. Es, en primer lugar, la cabal contraparte del desarrollo de la *paranoia persecutoria*, en la cual las personas a quienes primero se amó devienen los odiados perseguidores, mientras que aquí los odiados rivales se trasmudan en objetos de amor. Además, se presenta como una exageración del proceso que, según mi opinión, conduce a la génesis individual de las pulsiones sociales. Aquí como allí, están presentes al comienzo mociones hostiles y de celos que no pueden alcanzar la satisfacción, y los sentimientos de identificación tiernos, así como los sociales, se engendran como formaciones reactivas contra los impulsos de agresión reprimidos".

EXCLUIR AL TERCERO

El celoso posesivo está constantemente ocultando las virtudes del objeto. En el plano erótico, si es un hombre, va a tratar de imponer a la mujer el uso de faldas largas; ropa sobria, poco llamativa y que cubra toda la superficie corporal y criticará con severidad todo rasgo de coquetería ya sea en la vestimenta, en el maquillaje o en el trato con otras personas. Criticará en su pareja todo deseo de agradar, lucir o ser objeto de miradas, intentará que pase desapercibida. Le dirá que si quiere estar bonita o seductora puede procurarlo cuando está con él en la intimidad. Lo mismo vale si el sujeto es mujer y el objeto productor de celos es un hombre.

Quienes disfrutan de la posesión de un objeto eróticamente valioso y deseado que incrementa su autoestima y lo exhiben, lo lucen, no son celosos. La exposición narcisista del objeto considerado como propio tiene como objetivo despertar la admiración y el deseo del objeto incestuoso del mismo sexo, no sentido como rival edípico sino como objeto amado y deseado al cual se procura seducir.

La convicción de que el objeto es único (en tanto se lo confunde con el objeto primario) le confiere un valor incalculable y la necesidad de preservarlo a toda costa del deseo ajeno.

Para ello se debe ejercer una estricta vigilancia y no es nada extraño que los temores de ser abandonado se transformen en sospechas que pueden encontrar su confirmación en la interpretación de miradas, sonrisas, gestos, frases, que adquieren un sentido de provocación e infidelidad.

Por este motivo, la pareja celosa tratará de evitar el contacto con terceros, dado que la relación con estos genera sospechas que se transforman en discusiones y reproches. Comentaba un paciente: "siete de cada diez veces que salimos terminamos peleados, terminamos discutiendo, es insoportable, yo evito ir a bailar o a una fiesta o estar en lugares donde hay mucha gente porque termina siendo una tortura". Conocí a una pareja que renunció a las salidas individuales para evitar conflictos, pero estos son difíciles de eludir; es verdad que así pueden aminorarse los celos, pero es imposible evitar todas las fuentes en las cuales estos se alimentan.

El vínculo (Aguiar, Mendilaharzu y Lamovsky) gira en torno de la preocupación por la preferencia o exclusión. Se pretende ser todo para el otro y como esto no puede ser confirmado, se sospecha que existe un tercero capaz de llenar esa condición. Esta creencia genera rivalidades y celos siempre renovados que dan lugar a insatisfacciones y reclamos permanentes. Al frustrarse en el intento de colmar al otro, se suscitan angustias de abandono y minusvalía.

Todos tenemos reacciones de celos, todos queremos ser atendidos, escuchados y nos molesta la exclusión. Pero estos sentimientos, comunes a todas las personas, adquieren un inusual protagonismo, una ampliación exagerada en algunos sujetos. Una persona que ama a otra puede pretender ser para la misma alguien importante, un objeto privilegiado. Pero el sujeto invadido por los celos pretende ser el único objeto, ser todo para el otro y piensa que su pareja puede encontrar en él todo lo que necesita.

Estas personas –opina Pittman (1989)– no encuentran su seguridad en el amor, sino en la embriaguez irracional y aturdida de enamorarse, de hacer sacrificios para demostrar su amor y exigirlo del otro, expresando su voluntad de abandonar todo por su pareja, con total desatención de las demás relaciones e individuos.

Las relaciones de amistad constituyen una inagotable fuente de peleas entre los miembros de estas parejas, pues los amigos son obstáculos a los deseos posesivos. Los celos que despierta el tercero no son fácilmente reconocidos, pero, luego del encuentro con otras personas, suelen sucederse escenas de celos, reproches y peleas que obedecen a la supuesta conducta seductora de uno de los miembros de la pareja hacia terceros, o la pretendida desatención o exclusión del miembro ofendido. La consecuencia de estos conflictos es el paulatino distanciamiento o abandono de los amigos para evitar la emergencia de estos celos patológicos.

Un paciente comenta: "Estábamos en un bar, la había ido a buscar a la facultad y estábamos bien. Pasa una chica que es famosa por su cuerpo despampanante. Yo la conozco de toda la vida, la cruzamos siempre, nos conoce, sabe que estamos casados, conoce a nuestro hijo. Bueno, pasa delante mío y saluda. Yo le dije: 'Hola' ¡Para qué! ¡La que se armó! Me dijo: 'Si pasa otra vez y la mirás te arranco la cabeza, te saco de los pelos'. Me lo decía en el bar, de mala manera, se le caían las lágrimas de bronca. Yo no le digo nada, no le demuestro nada, es una cosa que se persigue sola. Y me dijo: '¿Pero yo no soy mucho más linda que ella?' 'Claro –le dije–, seguro que sos más linda'. ¿Qué le voy a decir? Además es cierto, es mucho más linda que la otra chica".

En un tratamiento de pareja, Verónica se quejaba de que cuando venía una amiga a la casa, Diego escuchaba las conversaciones escondido detrás de las puertas, no pudiendo tolerar su exclusión de una relación que reclamaba privacidad.

Diego replicaba: "si ella se quiere quedar charlando toda una tarde con una amiga, que lo haga. Pero que sea sincera conmigo, que me cuente. Hay cosas que se pueden contar, que yo le cuento a ella pero que ella me oculta. Ella siempre deja algo escondido, es para hacerme dudar, para hacerme quedar como un estúpido, pero yo no quiero vivir más así porque un día exploto, grito y le pego; después ella dice que soy un pegador".

En otra sesión, Verónica comenta: "Vamos al club y él se va y me deja sola; claro, entonces cae un amigo y me dice: 'Cómo, tan linda y te dejan sola', me halaga y me pongo a hablar con él. Y por ahí el chico se queda charlando toda la noche conmigo, ¡y para qué! Que vos te pusiste a hablar con él, hacés calentar a todos mis amigos. Pero él me da espacio para que lo haga. Adelante de sus amigos dice: 'Esta es una celosa, es insoportable'. La bruja soy yo, pero los amigos tienen ganas de probar la bruja, a ver si es tan bruja como dice él".

Como vemos, los celos pueden originar una escalada de agresiones hasta desencadenar situaciones de suma violencia. La intolerancia hacia las amistades del compañero convierte a las amigas de la mujer en "boludas" o "putas" y a los amigos del hombre en "vagos" o "drogadictos".

El rechazo a los amigos del partenaire puede racionalizarse –en el sentido de encontrar razones concientes para motivos inconcientes– de muchas formas: que es gente que no vale; que son muy creídos; son aburridos; todo lo toman en broma; todo es demasiado serio para ellos; los gustos son distintos; ella es tolerable pero él es insoportable; él es agradable pero la mujer es un plomo; etc. Pero lo que podemos comprobar es que las amistades son incompatibles o fuentes de permanente conflicto para quienes padecen de celos patológicos. Es por ello que las evitarán con el uso de técnicas múltiples que dependerán de la creatividad de quienes las instrumenten.

Y cómo no mencionar uno de los motivos centrales de las discusiones por celos en una pareja: *la familia de origen*. Es frecuente que cuando se estructura una pareja, los celos de sus integrantes tengan como foco principal a la familia de origen del partenaire. La transferencia del amor es una tarea que necesita tiempo y que nunca se desarrolla en su totalidad. Los vínculos amorosos primarios subsisten durante toda la existencia y tienen la adherencia y fortaleza que les han prestado la necesidad y el deseo. Por ello es inevitable que la familia constituya un "tercero" de suma trascendencia. La existencia de una doble lealtad –hacia quienes nos amaron, protegieron y cuidaron mientras lo necesitamos y, a posteriori, hacia quienes elegimos para formar una nueva familia– es una de las principales causas de discusiones. Es posible que este conflicto no se resuelva a lo largo de la vida de una pareja.

CELOS QUE NO TIENEN COMO OBJETOS A PERSONAS

Los celos se juegan siempre en la triangularidad, no hay relación celosa si no hay tres. Pero no solo se experimentan con otra persona que pueda captar el interés del otro. Todo tercero que se interponga en el vínculo puede convertirse en objeto de celos: un programa de televisión, un periódico, una revista, un libro, el trabajo, un deporte, una actividad, un interés, etcétera, transforman la relación en triangular.

El tercero puede estar representado por *las obligaciones laborales*. Una paciente se quejaba amargamente de que el marido "la dejaba sola" y se iba a trabajar. Otra paciente, Teresa, no solo experimentaba celos del trabajo de su marido que es viajante, sino además, de su automóvil.

Francisco y Teresa llevan veinte años de matrimonio, tienen una hija de dieciocho años. Francisco es viajante y está ausente de su casa cuatro días a la semana.

> FRANCISCO: Yo la quiero mucho, por eso tenemos tantos años de matrimonio; yo lo que quiero es llegar a casa y tranquilizarme, porque la ruta es tensionante, aunque mi trabajo es lo que más me gusta, pero a ella parece que no.
>
> TERESA: Odio, odio su trabajo, me parece que la pareja de él es el auto, lo odio, lo odio. Para mí él está enamorado de los viajes, del auto, él se jugaría más por el trabajo que por nosotras. Yo lo quiero mucho, no me podría separar porque sin él no podría vivir... Él tendría que hacer un esfuerzo, yo estoy siempre en casa, el que sale es él, siempre en el auto.
>
> FRANCISCO: Yo le digo que cuando la hija se vaya... cuando la chica, en fin... ya tiene novio, entonces para que no se quede sola, que viaje cada quince días, algo así, que me acompañe dos días y entonces...
>
> TERESA: Se va en promesas él... Él no cumple, siempre hay alguna excusa, siempre algún compromiso le impide que viaje la esposa... Ya lo prometió en otras oportunidades.

El trabajo está actuando como tercero que separa a la pareja, aunque no es el único.

> TERESA: Discutimos fuerte, yo lo insulto; pero lo que pasa es que cuando él está de viaje lo extraño, lo extraño muchísimo, sufro, pero cuando él viene me irrita que esté todo el día mirando televisión y yo quiero conversar.
>
> FRANCISCO: Lo de la tele es una costumbre que tenía pero que estoy dejando...
>
> TERESA: No, no... Él se pasa el día mirando la tele y no quiere salir conmigo... Él tendría que hacer un esfuerzo para cambiar.

Si el trabajo es rechazado porque determina la separación del partenaire, por las mismas razones son rechazadas *las actividades recreativas.* Esto lleva a actuaciones diversas: puede declararse una franca oposición a estas actividades y reclamar su abandono; puede ejecutarse una sistemática oposición subterránea o manifestarse en la toma de represalias por el odio que despierta una desatención momentánea que se siente intolerable.

Un ejemplo de lo anterior puede constituirlo el fútbol, actividad que generalmente corresponde al integrante masculino de la pareja y lo aleja periódicamente del hogar para asistir a los encuentros deportivos. Esta actividad recreativa puede provocar mayor rechazo si se realiza con un grupo de amigos, lo cual incrementa los celos. La práctica de deportes grupales puede constituirse en el tercero en discordia y, en mayor medida, si comprenden el llamado "tercer tiempo" de confraternización.

Los programas televisivos pueden despertar conflictos porque introducen a un tercero dentro del hogar. Si las actividades fuera del hogar despiertan celos en personalidades posesivas, la intrusión de un motivo de conflicto dentro del mismo impide un respiro a la pareja, privándola de un momento de descanso.

Gabriela se enfermaba de celos cuando su marido miraba un show de chicas bailando con poca ropa; decía: "¡Me da un odio! Lo veo como un baboso, poco hombre, me dan ganas de estrangularlo". Claro que no eran solamente las chicas quienes despertaban sus celos; cuando su pareja miraba un partido de fútbol también se molestaba, puesto que un tercero –el espectáculo televisivo, ya sean chicas, futbolistas o el noticioso– concitaba la atención y el interés que pretendía fuese dirigido solamente a ella.

Relataba una señora que su hijo, un día por un motivo, otro día por otro, la perturbaba a la hora de ver su programa favorito de televisión. Todos los días, a esa hora, necesitaba de la madre por asuntos que él consideraba urgentes. Si era desatendido su pedido, encontraba una excusa para discutir. Pensé que lo que le ocurría a este chico es que quería ser el "programa favorito dc mamá".

CUALQUIER PERSONA O ACTIVIDAD PUEDEN GENERAR CELOS

Celos del niño hacia sus padres

Mamá con el hijo en la calle. Es muy frecuente presenciar la siguiente escena. La mamá va con el chico en brazos, se encuentra con una amiga y comienzan a charlar muy entusiasmadas; al rato el niño va a reclamar la atención de la madre tomando su cara y obligándola a que lo mire. También puede suscitar la atención de la madre diciéndole que quiere ir a casa, que tiene hambre o sueño, etcétera.

Mamá hablando por teléfono. Mamá habla por teléfono con una amiga y al rato se alarma por los ruidos que produce su hijo o las situaciones en que este se encuentra y tiene que cortar la comunicación y disculparse con su interlocutora.

Mamá y papá se abrazan. Es muy posible que el hijo se interponga entre ellos para impedirlo.

Mamá y papá están conversando. El hijo comienza con demandas a alguno de sus padres para interferir en su relación y convertirse en protagonista.

Celos de los padres hacia sus hijos

Recuerdo que una amiga me comentaba que al regresar su marido del trabajo pateaba los juguetes que encontraba en su camino y manifestaba su malestar porque estuvieran desparramados por toda la casa. Yo le contesté que mejor que pateara los juguetes y no lo hiciera con el niño.

Otra conducta en que se manifiestan los celos del padre hacia su hijo es la intolerancia hacia su presencia, e ir al bar, al club, encontrarse con amigos, o en otros casos la búsqueda de una amante que le preste la atención que no encuentra en su casa pues a su mujer tiene que compartirla con su hijo.

Celos de las relaciones de los hijos

Es un signo de la época que los jóvenes estén usando el celular en todo momento. Los padres suelen quejarse de esta circunstancia sobre todo en los momentos de las comidas o reuniones familiares. Esto tiene que ver con el hecho de que sus hijos están comunicándose con otras personas, es decir, no están prestando atención a sus padres provocando los celos de los mismos. Otro motivo de celos son las salidas de los hijos, en la edad en que comienzan a separarse paulatinamente de los padres y a constituir sociedades con sus amigos. La restricción de las salidas y obligarlos a permanecer en el hogar es una muestra de la intolerancia celosa de los mismos a las relaciones que establecen sus hijos.

En esta misma línea de rechazo a los vínculos externos a la familia se encuentran las críticas desvalorizantes hacia los amigos de sus hijos.

Celos que perturban a la pareja

La crítica constante de la familia del otro y la lucha por separarlo de la misma.

El control de las actividades de la pareja.

El chateo como herramienta no sólo de control del compañero, sino que la comunicación funciona como un cordón umbilical que los mantiene unidos. Ese chateo permite un control mutuo de las actividades de los miembros de la pareja.

Otra forma de vigilar es revisar el celular de la pareja. Me comentaba un paciente que una noche se despertó y su mujer estaba colocando su dedo sobre la pantalla de su celular para desbloquearlo y así poder revisar sus contactos.

En otra familia cada uno de sus miembros tenía la geolocalización del otro, una forma de control que algunas personas realizan. He conocido el caso de padres que controlan a sus hijos o a sus parejas con estos programas sin el conocimiento ni la autorización del otro. Una forma de intrusión que no respeta la autonomía ajena.

Una forma de mantener a la pareja alejada de sus vínculos es la exigencia de cambio de número del celular con cierta frecuencia para que pierda sus contactos.

Elegir o exigir a la pareja una vestimenta que esté alejada de las posibilidades de mostrar sus formas corporales, vestimenta asexuada y alejada de toda sensualidad.

Prohibirle las salidas individuales o hacerle reproches o escenas en cada una de ellas para hacerla desistir de las mismas.

La crítica constante de las amistades del uno o del otro, manifestación corriente del deseo de exclusión del tercero.

DE LOS CELOS AL SENTIMIENTO DE MASA

Freud (1921) en "Psicología de las masas y análisis del yo" explica cómo en determinadas circunstancias se puede pasar de la rivalidad a la solidaridad, dado que por largo tiempo no se observa en el niño nada parecido a un instinto gregario o sentimiento de masa. Este se forma únicamente cuando los niños son muchos en una misma casa, y a partir de su relación con los padres, y se forma, en verdad, como reacción frente a la envidia incipiente con que el niño mayor recibe al más pequeño. Aquel, por celos, querría sin duda desalojar al recién llegado, pero en vista de que este niño –como todos los que vienen después– es amado por los padres de igual modo, y por la imposibilidad de perseverar en su actitud hostil sin perjudicarse, es obligado a identificarse con los otros niños, y así se forma entre los niños un sentimiento de comunidad, que después, en la escuela, halla su ulterior desarrollo. La primera exigencia de esta formación reactiva es la de la justicia, el trato igual para todos. Conocidas son la vehemencia y el vigor con que esta exigencia se expresa en la escuela. Si uno mismo no puede ser el preferido, entonces ningún otro deberá serlo.

Esta lucha por la justicia se evidencia en todos los frentes que nos ofrece la vida, en los grupos de cualquier clase, en el trabajo, en los gremios, en los partidos políticos; en cualquier lugar de interacción social vamos a encontrar este propósito de ser tratados en un pie de igualdad y escucharemos las quejas amargas cuando ello no ocurre.

El hombre, con mucho dolor, deberá abandonar sus deseos infantiles de ser el único. Su Majestad el Bebé tendrá que resignar sus atributos reales para poder participar de una comunidad en la que, entonces sí, podrá obtener satisfacciones adultas.

8

La violencia heredada

Los niños que han sido testigos de violencia en sus familias ven triplicada la posibilidad de ser violentos con sus propios hijos.

Silvio Zirlinger

Tanto la agresión física como la psicológica pueden presentarse en una relación. Golpes, gritos, insultos, amenazas, burlas, denigración, humillación, desvalorización, el continuo reproche, la discusión interminable pueden constituir ingredientes infaltables y a veces cotidianos de una pareja. Toda relación humana se establece básicamente con una mezcla de amor-odio; ambos son acompañantes inseparables de todo vínculo, pudiendo tener primacía cualquiera de ellos, pero su presencia nos está señalando una relación; el indicador de una no-relación es la indiferencia.

"En un extremo, la existencia es fundamentalmente honesta y regular: el trabajo, el cuidado de los hijos, la benevolencia y la lealtad rigen las relaciones de los hombres entre sí; en el sentido contrario, la violencia azota sin piedad: si se dan las condiciones, los mismos hombres saquean e incendian, matan, violan y torturan. El exceso se opone a la razón" (Bataille, 1957).

Cuando la relación de amor-odio se inclina hacia este último y esto no constituye un momento aislado de la misma, sino que caracteriza su funcionamiento, decimos que el vínculo es violento y esta característica se convierte en gran número de casos en un legado letal para los hijos. Trataremos de comprender las vías de trasmisión de esta indeseada herencia.

Sabemos que las personas se estructuran de manera temprana según los modelos que encuentran a su alcance y, por tanto, en este proceso de construcción van a ser los padres quienes tendrán una influencia fundamental y decisiva, puesto que con su intervención y cuidados son los que hacen posible la supervivencia del niño.

Si los padres constituyen las primeras relaciones del niño, es natural entonces que la edificación estructurante de todo sujeto psíquico tenga como objetos privilegiados a los padres, como arquetipos que contribuyen al trazado de su configuración humana.

El concepto de identificación aquí empleado es aquel que en psicoanálisis desarrollamos como "identificaciones introyectivas" que son el resultado de las internalizaciones que se dirigen al núcleo del self y son asimiladas por este. Son identificaciones que entran a formar parte de la constitución del yo, de la personalidad, y se encuentran en la base de la identidad del individuo.

A las primeras identificaciones con los padres les seguirán indudablemente otras; en el ambiente hogareño se destacarán aquellas relacionadas con las personas que cuidan del niño, así como sus familiares cercanos. La cultura en la que está inmerso le proporcionará nuevas figuras de identificación entre las que van a sobresalir sus maestros y todos aquellos que de una u otra manera ejerzan un liderazgo en la comunidad.

Pero las primeras identificaciones con las figuras parentales van a ser decisivas en la estructuración de la personalidad del sujeto. Por tanto, si el niño se configura en la relación con sus padres, y estos están vinculados entre sí por la violencia, es de esperar que esta forma de relación influya, decida, sobre su futura estructura. Pensemos en un vínculo donde el hombre ejerce violencia sobre la mujer. En primer lugar, el hijo tiene como objeto identificatorio a un papá violento, y la hija a la mamá como receptora de la violencia. En segundo lugar, la manera de relacionarse de los padres entre sí, la relación violenta entre ellos constituirá un modelo vincular para los hijos. En tercer lugar, debemos tener en cuenta la relación que esta pareja violenta puede tener con los hijos. Si la forma de relacionarse es el maltrato, este se expresará hacia el niño en múltiples manifestaciones: desinterés, indiferencia, denigración, desvalorización, violencia física, etc.

Con estas condiciones familiares, si no existen posibilidades de rechazo de las identificaciones violentas, el resultado será mortífero. Como nos enseña el psicoanálisis la hija, identificada con la madre y con una inclinación erótica hacia el padre, puede repetir ese modelo vincular tanático. Lo mismo vale para el varón. Por supuesto esto no es lo mismo para todos, en la consulta vemos a diario muchas personas que tienen una identificación negativa con sus padres; son aquellos que manifiestan que son diferentes, que no desean que sus hijos vivan las experiencias que a ellos les tocó vivir. Como vemos el modelo está allí, tanto para unos como para otros, tanto para adoptarlo como para rechazarlo.

Cuando se establece una relación de violencia hacia el niño por parte de sus padres (únicos responsables de la misma) y, al ser éstos depositarios de la sexualidad del niño, esta violencia es erotizada.

Sadismo y masoquismo aparecen conjuntamente: "Un sádico es siempre, al mismo tiempo, un masoquista, y viceversa. Lo que sucede es que una de las dos formas de la perversión, la activa o la pasiva, puede hallarse más desarrollada en el individuo y constituir el carácter dominante de su actividad sexual" (Freud, 1905).

El masoquista se identifica con quien le ocasiona sufrimientos, situándose imaginariamente en el lugar del sádico. Igualmente el sádico, al infligir dolor a otro, goza mediante la identificación con el sujeto que sufre.

La violencia vincular sería inconcebible sin el componente sadomasoquista y en cualquiera de sus formas constituye un ligamen de características únicas en cuanto a las emociones que moviliza y la intensidad de las mismas. ¿Qué vínculo puede ser más fuerte, más excitante?

Reflexionar sobre el amor y el odio en las configuraciones vinculares nos dispone a ingresar en territorios inquietantes. La amalgama equilibrada de amor y odio que forma parte y sostiene todos los vínculos interpersonales puede quebrarse para dar lugar al despliegue desmesurado de uno solo de esos componentes: el odio. Es preocupante que lo que posee un valor estructurante en una organización familiar sea el despliegue tanático, ya que puede transformarse en legado y patrimonio de algunos (o de la totalidad) de sus integrantes. Este legado mortífero puede así trasmitirse de padres a hijos sucesivamente en una cadena interminable.

MARCELA

El caso de Marcela es ilustrativo de la transferencia de los conflictos familiares a los hijos y específicamente de la manera de relacionarse que he denominado "Vínculo excitante". Voy a transcribir un relato que luego analizaré.

> "Estaba aburrida en el club, Néstor estaba jugando tenis con sus amigos. Se acercó un conocido nuestro y se quedó charlando conmigo. Cuando llegamos a casa, Néstor me dijo que yo estaba dando filo al tipo y me cagó a patadas.
>
> Yo me quedé pensando: ¿Cómo puedo aguantar esto? Porque me quiere inculcar miedo, como si fuese mi papá que me dice: 'No vas a hacer esto, si lo hacés te rompo la cara, te parto la cabeza'. Y por el miedo me lo quiere inculcar.

> El nene le decía: 'Papá malo, por qué le pegás a mamá, papá puto, hijo de puta'. Le dijo de todo a Néstor, él, que tiene sólo tres años. Y después me abraza y me dice: 'Pobrecita mamá'.
>
> Néstor tiene el ejemplo de la familia, el padre también le pega a la madre. La madre me dijo que si cuando era joven se hubiera quedado conversando con un tipo o algo así, la mataba, la mataba. El padre tiene a la madre encerrada en la casa todo el día.
>
> Mi papá nunca le puso la mano encima a mi mamá; la habrá denigrado, la reputea y la hace sentir como un trapo de piso, pero no le pega.
>
> El padre de él fue el primer novio de la madre; si ella miraba a un tipo le pegaba una trompada que la reventaba. Es un tipo muy agresivo, yo he visto que él hace como Néstor; cuando se calienta le abre la puerta del auto y le dice: bajate, bajate. Y la deja en cualquier parte".

En este breve relato de Marcela podemos observar que sus padres participan de un "Vínculo excitante"; el papá denigra a su esposa, la insulta y la deja como un trapo de piso. Marcela también debía obedecerle, porque de lo contrario: "Te rompo la cara, te parto la cabeza", indicios claros de que imponía su voluntad a los golpes, como ahora lo hace Néstor.

Los padres de Néstor tienen también la misma manera de relacionarse; el padre ejerce violencia física con la madre, le pega y la maltrata de todas formas.

Marcela y Néstor, herederos de estos vínculos, identificados con sus progenitores, se pegan, se insultan y denigran. Ellos también están formando su heredero; el pequeño hijo de ambos no sólo presencia las discusiones, gritos y golpes, sino que comienza a participar activamente insultando al padre con las mismas palabras que utiliza la madre. Cuando sea mayor transmitirá esta matriz vincular a su descendencia.

JAVIER

Dijimos que el concepto de identificación es central en la teoría psicoanalítica puesto que explica la constitución del sujeto. Por tanto, si el niño configura su identidad en la relación con sus padres y éstos se vinculan entre sí mediante la violencia, es muy probable que repita la historia familiar.

Un ejemplo de estas consideraciones teóricas lo constituyen Javier y sus padres. Cuando se realizaban reuniones familiares en casa de los abuelos maternos de Javier, el papá de éste siempre encontraba una excusa para discutir, insultar y retirarse enemistado con los parientes de su esposa. Si, pasada la tormenta, retomaban el vínculo, al poco tiempo se reiteraban estos enfrentamientos. La mamá a su vez discutía con la familia del esposo; las mismas situaciones causaban idénticos resultados. La consecuencia fue que sus padres se distanciaran de sus respectivas familias. Sus relaciones de amistad eran escasas, pues también encontraban razones para finalizar enemistados. Es así que la pareja de sus padres fue cortando sus conexiones con otras personas hasta encontrarse prácticamente aislados y con poca vida social. Es característico de las parejas posesivas y celosas que no toleren las relaciones de afecto o amistad del compañero, monopolizando su vida emocional.

La mamá de Javier siempre estaba enferma; sus males eran de origen psíquico. Solía quedarse en cama con la habitación a oscuras. Esta conducta se mantuvo durante años y Javier pasó toda su infancia y adolescencia con la tristeza de tener a su mamá postrada y la angustia repetida día a día de preguntar o investigar por su cuenta acerca del estado de la misma. Solía llorar en la escuela, en casa de compañeros, en el club y donde fuere porque su mamá estaba mal. Iba a su dormitorio con el propósito de animarla, le pedía que se levantara y comiera, a pesar de su corta edad intentaba ayudarla.

Esta señora tenía hábitos nocturnos, solía deambular durante la noche por la casa, se alimentaba en la cocina a solas, prendía la radio y fumaba. Javier se despertaba y era testigo de esta conducta de su mamá.

Claro que en otras oportunidades ella se levantaba y participaba del almuerzo familiar. Pero era mejor que no lo hiciera, pues entonces se producían situaciones de violencia; "volaban" los platos y los padres se agredían de todas formas, ya sea con insultos o golpes. Javier se desesperaba y se interponía entre ellos para que no se hicieran daño.

La mamá lograba que la familia estuviese constantemente preocupada por su "enfermedad", todos estaban pendientes de ella. Se visitaban médicos de todas las especialidades y aun curanderos, buscando todas las soluciones imaginables. Esta señora estuvo en varias oportunidades internada, con la consiguiente angustia que en Javier despertaba la salud de su mamá.

El padre tenía que atender sus actividades comerciales, las tareas de la casa y el cuidado del hijo, pues la mujer se había desentendido de toda tarea hogareña. Este hombre tenía buenas aptitudes para el comercio y su actividad le permitía una vida económica desahogada. Pero eso sí, tuvo que centrar sus actividades comerciales en su vivienda para poder atender a su mujer e hijo.

Los celos de la madre eran intensísimos; en una oportunidad agredió a una clienta del marido, pues pensaba que se acostaba con él. En ocasiones, esta pareja se golpeaba con gran violencia; por este motivo, los vecinos, preocupados, llamaban a la policía para que los separase. Esta intervención de la policía, que se produjo en más de una oportunidad, avergonzaba a Javier.

Los celos de la madre se extendían a la relación entre padre e hijo, por lo cual el padre renunciaba a las salidas con Javier debido a los escándalos que solía armar su mujer.

Javier me consulta a los veinte años, cuando ya hace mucho que participa activamente de esta forma de relacionarse de su familia. Tiene peleas a diario con su padre, tira objetos con el propósito de golpearlo, insulta y pega a su madre. Javier trabaja como vendedor de productos que representa el padre; es un buen profesional y cuando actúa lo hace con éxito, ganando dinero con cierta facilidad. Como sus necesidades están cubiertas por la familia y no tiene preocupaciones económicas, en forma periódica deja el trabajo y se queda en cama por varios días. También suele suceder que, abandonando sus obligaciones laborales, duerma durante el día y a la tarde se reúna con sus amigos, haga deportes, salga con chicas, etc.

Cuando se queda en casa, sus padres se desesperan; en primer lugar, porque es el mejor vendedor de los productos que representa el padre y su actitud daña económicamente a la familia. En segundo lugar, interrumpe todas las cobranzas y el padre, muy afecto a estar con su mujer en casa, charlando, jugando a las cartas, mirando televisión y peleando, se encuentra en la necesidad de visitar a los clientes del hijo y cobrarles. Por último, cuando Javier está en casa tiene más tiempo para provocar peleas con los padres y entre los padres.

Durante unas vacaciones en la playa, Javier conoce a una chica con la que inicia un noviazgo. Siendo él de Rosario y la chica de Buenos Aires, viaja semanalmente para encontrarse con ella. Estas visitas suelen terminar intempestivamente; discuten y Javier reprocha, insulta, da el portazo y de vuelta a casa. Ya en su ciudad telefonea a la novia a su lugar de trabajo continuando las discusiones y dejando a la chica perturbada. Estas peleas determinan la ruptura de la relación.

Mientras tanto Javier prosigue su análisis y disminuye paulatinamente su grado de excitación. Al principio no podía dejar de hablar y no escuchaba lo que se le decía. Poco a poco, su actitud se vuelve más reflexiva, dando lugar al pensamiento donde antes sólo había acción.

Si bien es evidente la mejoría del paciente, la familia aumenta sus manejos perturbadores hasta que la situación se hace insostenible: los padres interfieren en el tratamiento, telefonean para quejarse del hijo, tratan de convencerlo para que abandone el análisis y se haga examinar por un psiquiatra; intentan ponerme a favor de ellos y en contra del hijo, etc. Las peleas se agravan y un día los padres le destrozan todo lo que encuentran en su habitación.

Javier decide alquilar un departamento para vivir solo y su relación con los padres cambia de manera notoria. Se va independizando de estos. Como, siempre que discuten, el padre le quita la representación de sus productos, resuelve buscar un camino independiente y lo hace con éxito. Tiene el departamento arreglado a su gusto, proveedores y clientes propios y puede solventar sus gastos. Se vuelve autónomo de la familia y tiene un trato correcto con sus padres, a quienes visita con frecuencia.

Hasta aquí todo parece estar bien, pero no olvidemos que el problema de Javier no lo constituyen sólo sus padres externos. Su problemática tiene que ver con sus identificaciones, con esa constitución tan especial que internalizó de sus padres. Es así que, como considera Anna Freud (1937), "el niño introyecta alguna característica de la persona u objeto que le produce angustia, elaborando de esta manera una experiencia angustiosa recientemente ocurrida. El mecanismo de identificación o introyección se vincula además con un segundo e importante mecanismo. Al ejecutar el papel de agresor, asumiendo sus atributos o incitando sus agresiones, el niño simultáneamente se transforma de persona amenazada en la que amenaza. La significación de este cambio de la pasividad a la actividad, a fin de elaborar experiencias desagradables o traumáticas en la vida infantil, se describe ampliamente en "Más allá del principio del placer": Cuando el médico ha reconocido la garganta del niño o le ha hecho su primera operación, es seguro que este suceso aterrorizante se convertirá enseguida en contenido de un juego. Mas no podemos dejar de tener en cuenta otra fuente de placer muy distinta de la anteriormente señalada. Al pasar el niño de la pasividad de la experiencia a la actividad del juego, hace sufrir a cualquiera de sus camaradas la sensación desagradable por él experimentada", vengándose así en la persona de este representante.

En el mismo sentido, Fenichel (1945) expresa que "si una persona es capaz de hacer a otros lo que teme que le pueden hacer a él, ya no tiene por qué tener temor. Por lo tanto, todo lo que tiende a aumentar el poder o el prestigio del sujeto puede ser usado como reaseguramiento contra la angustia. Lo que tendría que sufrir pasivamente el sujeto en previsión de ser atacado lo hace en forma activa a los demás".

Y es así que en la actualidad Javier tiene una novia con la cual suele tener accesos de violencia similares, aunque mucho más atenuados, a los que observó de sus padres. Cualquier motivo puede disparar una pelea, una discusión; en algunas ocasiones le da una bofetada o un tirón de pelos. Él explica que siente con ello una gran satisfacción, si bien se da cuenta de que repite la conducta de sus padres y se avergüenza.

En forma atenuada, con mucho menos violencia y con una conciencia creciente de sus motivaciones, repite la historia que le tocó vivir. Paralelamente puede pasar buenas temporadas con su chica, a la cual quiere y atiende muy bien.

Con su trabajo le ocurre lo mismo; por un lado, los deseos de despegar de sus conflictos, de lograr su desarrollo y, por el otro, el deseo de repetir la historia. Esta repetición consiste en que tiene temporadas en que no sale a trabajar, se queda encerrado en su casa a oscuras, sin abrir las ventanas, duerme mucho y mira televisión (en una identificación con la madre enferma). Estos períodos de inactividad lo endeudan y tiene que pedir ayuda financiera al padre –que se la da gustoso, pues así puede discutir con el hijo– hasta que se pone al día con el trabajo. De esta manera, repite la actitud de la madre enferma y busca al padre-marido protector.

Y así Javier se debate entre sus ideales concientes y las identificaciones familiares patológicas. Es su lucha por desarrollar una historia propia contra las fuerzas que lo arrastran a repetir la vieja historia familiar.

9

Parejas asesinas

La pasión es en primerísimo lugar un
elemento de perturbación, en realidad
es el Perturbador por excelencia.
SERGIO MORAVIA

LA MATÉ PORQUE ERA MÍA.
CAROLINA Y FABIÁN: "LOCURA DE AMOR"

La opinión pública se conmovió con la noticia: un joven Fabián asesinó a su novia Carolina asestándole 113 puñaladas. El hecho fue profusamente tratado en televisión periódicos, revistas y radios.

El drama de Fabián y Carolina no es un suceso corriente, algo en él resulta inquietante y atrapante, algo despierta asombro, indignación o rechazo. Que un novio, marido o amante decida poner fin a la vida de su pareja, si bien es un hecho desgraciado, seguramente no tendrá la trascendencia de este. Lo que distingue al crimen de Carolina lo constituyen nada más y nada menos que las 113 veces que el brazo armado de Fabián se descarga en el cuerpo de su novia. Esta cantidad de heridas constituyen un sello, una marca: la presencia del desborde, de emociones incontrolables, de violencia desmesurada, de frenesí y exaltación del brazo asesino, de la inconmensurable violencia de la pulsión en su pasaje al acto.

El intercambio de golpes parecía constituir un ingrediente infaltable en la relación de Fabián y Carolina. Si la violencia formaba parte de la vida cotidiana de esta pareja durante años, ¿por qué no se separaban? Si Fabián de una trompada le rompió el tabique nasal, ¿por qué Carolina no lo dejaba?

Benjamín (1995) dice que MacKinnon (1987) ha tenido la valentía de subrayar que las mujeres experimentan efectivamente placer sexual en las condiciones actuales de abuso y "deshumanización"; no son sencillamente maltratadas contra su voluntad. Esta autora asegura que en las mujeres "la subordinación está sexualizada, al igual que el dominio en los varones, como placer y también como identidad genérica, como feminidad".

Un empeño a muerte por alcanzar el goce absoluto de la posesión del otro. Y Fabián, con marcador negro cubría y borraba de la agenda de Carolina todo rastro de amigos de su chica: "quiero ser todo y todos para ella". El enamoramiento, pasión amorosa en que se revive la fusión propia de los primeros momentos de la vida, derriba los límites, aseverando que yo y tú son uno. Esta irresistible y desmesurada atracción por el otro constituye una repetición del vínculo originario del niño y la madre. Así, el objeto de la pasión pasa a convertirse en único, irremplazable y necesario para la subsistencia, pues madre hay una sola; en la pérdida del objeto va la vida del sujeto.

Y si ese objeto pretende abandonarlo (siendo el que permite en la fantasía la completud, quien da vida a la ilusión de omnipotencia, y siendo el único que puede brindarla) o se duda de que pueda engañarlo o desear a otro, puede surgir la pulsión y armar el brazo vengativo. El sufrimiento es intolerable, la herida narcisista que deviene de la pérdida del objeto y de su dominio termina derrumbando los controles sociales internalizados de la pulsión y el sujeto no puede reflexionar sobre las consecuencia de su accionar.

Según Benjamin (1995), en estas parejas su consistencia ontológica se funda exclusivamente en el Otro, cobrando existencia sólo a través del partenaire. Por eso los vínculos perversos se sueldan en pactos pasionales, sustentados en envolventes estrategias de captura recíproca, puesto que el riesgo de fractura vincular supone la muerte subjetiva, en tanto se existe por el Otro y a través de él.

Sociólogos, antropólogos, filósofos y los movimientos feministas atribuyen estos actos criminales a la estructura patriarcal de nuestra cultura. La educación del varón ha estado orientada desde que tenemos conocimiento en la historia a demostrar valor, fuerza, valentía, determinación, dominio y éxito en lo social y en la intimidad del hogar ser el proveedor y jefe de la familia. Su subjetividad está comprometida con esos valores que se incorporan de una manera inconciente. La mujer en cambio ha sido y es educada para ser proveedora de afectos y cuidados desplegados en el seno del hogar. El ámbito público para ellos, el ámbito privado para ellas.

Si bien la posmodernidad ha revolucionado esta relación histórica, los remanentes siguen funcionando, por cuanto las cualidades y las funciones de varones y mujeres se transmiten inconcientemente de generación en generación, y los cambios en la subjetividad toman su tiempo.

Por ello, estos hombres que son abandonados pueden sentir el colapso de su autoestima y no soportar la autonomía del otro al que sienten como una parte suya, de su propiedad. Estos femicidas, si bien comprenden la criminalidad de sus actos, no pueden poner freno a sus pulsiones y dañan o matan. Y lo que observamos con frecuencia es la obstinación en el control de la persona que los abandona y la persistencia en restablecer su dominio o eliminar al rival (si lo hay) o a ella. Y no hay obstáculos que los hagan desistir, ni restricciones de acercamiento, ni botones de pánico ni el castigo previsto por la ley. Es que el objeto que abandona no es un objeto del deseo, es un objeto necesario, único.

Debemos agregar que a partir de la bisexualidad originaria, el sujeto psíquico tiene que renunciar a la sexualidad atribuida al otro y a partir de esta escisión, de esta renuncia, se proyecta en el otro su sexualidad rechazada. Y si la que era su pareja, "su propiedad" se relaciona con otro u otros hombres, siente que lo que le hacen a ella se lo hacen a él. O sea que se siente vejado y gozado sexualmente por el rival (exista este en la realidad o sea fruto de la fantasía).

Rota la ilusión de fusión, de unicidad con la aparición de terceros, surgen los celos que son propios de la subjetivación y de la entrada en la cultura jugando un papel sobredimensionado en hombres que desconfían de su masculinidad y atribuyen a sus parejas los deseos rechazados correspondientes al otro sexo.

Confirman perpetua a un empresario por el asesinato de su ex esposa de 66 puñaladas

El Tribunal de Casación de la provincia de Buenos Aires confirmó ayer la pena de prisión perpetua a Fernando Farré, condenado por haber asesinado a su esposa de 66 puñaladas en 2015 en el country Martindale del partido bonaerense de Pilar, informaron fuentes judiciales.

Farré fue culpado como autor penalmente responsable del delito de homicidio calificado por el vínculo matrimonial y del femicidio de Claudia Schaefer, de 44 años.

El 6 de junio de 2017, un jurado popular declaró culpable a Farré, tras lo cual el Tribunal Oral en lo Criminal (TOC) 2 de San Isidro, a cargo del juez coordinador Esteban Andrejín, le fijó la pena máxima del Código Penal.

Además, el magistrado resolvió que el empresario sea privado de la patria potestad de sus tres hijos y de la administración de sus bienes mientras dure la condena.

"Fernando Farré decidió matar a su mujer sin una gota de piedad, a sangre fría y de la forma más cruel, sin importarle las consecuencias", había dicho Carballido Calatayud, quien solicitó al jurado que condenaran a Farré de la forma en la que finalmente lo hicieron.

La defensa se había opuesto a esa acusación al proponer dos posibilidades para Farré: que el ahora condenado estaba "enfermo" psicológicamente al momento de cometer el crimen y que correspondía declararlo inimputable o que atenuase la pena por "emoción violenta".

Sandra Schaefer –quien tiene a su cuidado los tres hijos de Claudia– contó que Farré sometía a su hermana a un "acoso importante", que quería tener "un control absoluto" de todo lo que ella hacía y que días antes Claudia le había advertido que su marido la iba a matar.

El femicidio de Schaefer fue cometido el 21 de agosto de 2015, cuando la mujer fue junto a su abogado a buscar sus pertenencias a la casa de fin de semana que el matrimonio alquilaba en el country Martindale. El encuentro se realizó en el marco de un conflictivo divorcio que incluía una denuncia de la víctima en la Oficina de Violencia Doméstica de la Corte Suprema de Justicia y una exclusión de hogar del imputado del domicilio que compartían en el barrio porteño de Recoleta.

Cuando Schaefer fue al vestidor de la casa a retirar su ropa, Farré entró detrás de ella, cerró la puerta con llave y la atacó con dos cuchillos que previamente sacó de la cocina. La autopsia determinó que Farré le ocasionó con golpes y los cuchillos un total de 74 lesiones, y que la causa de la muerte fue el degüello que le hizo de espaldas con cortes que afectaron las tres cuartas partes de la circunferencia del cuello.

Para aquellos que creen que disminuirán los femicidios aumentando las penas, estos casos lo desmienten. Un empresario, de situación económica holgada, que vive en un barrio costoso, con una casa de fin de semana en un country, no puede desconocer la gravedad de su crimen y la condena resultante del mismo. Sin embargo prefiere perder su libertad de por vida, la relación con sus hijos y sus bienes para descargar su odio hacia la mujer que lo abandona. Nada lo detiene.

Otra enseñanza que nos dejan estos crímenes es la dificultad de prevenirlos y que además atraviesan todas las capas sociales. La restricción de acercamiento y el botón de pánico son inútiles si el deseo de matar supera el temor al castigo o si la descarga pulsional supera las barreras internas. No es solo la muerte del otro la finalidad en estos casos de furia, de ensañamiento, ya que con dos o tres puñaladas sería suficiente, es además la liberación del ilimitado odio contenido.

Femicidio en Trelew.
Su ex novio le propinó unas 20 puñaladas

Una joven fue encontrada asesinada en el baño de la vivienda que compartía con su madre en la ciudad chubutense de Trelew, con 20 heridas producidas por un arma blanca en distintas partes del cuerpo, y el presunto autor del femicidio fue detenido.

El jefe de la Policía del Chubut, Miguel Gómez, informó que el hallazgo del cadáver de Evelyn Tatiana Lehr, de 25 años, se produjo cuando su madre, quien se había ausentado durante varias horas, llegó a su domicilio del barrio 119 viviendas y encontró la puerta de entrada sin llave, aunque sin desorden en el interior.

"La señora esperó unos minutos pensando que la hija estaba en el baño porque no había desorden, pero luego de un rato fue hasta allí, entreabrió la puerta, y se encontró a su hija muerta y tendida en el piso", describió Gómez.

Para el jefe de Policía, no hay ninguna duda de que el hecho es un femicidio y la principal sospecha apunta a su ex pareja. La información con la que se cuenta por el momento es que la joven pareja se había separado hacía un par de semanas y ese podría haber sido el detonante para que el hombre quisiera matarla.

A poco del hecho, los investigadores fueron hasta la vivienda del joven sospechoso con intenciones de entrevistarlo, pero ya se había ausentado de la casa materna. Luego, se montó un fuerte operativo de búsqueda para dar con su paradero que finalmente tuvo resultados positivos.

El comisario mayor Felipe González confirmó la detención del sospechoso, Archie Phillips, de 30 años, quien fue aprehendido en el baño de una estación de servicio ubicada en el acceso norte a Trelew, en la ruta hacia Puerto Madryn. El jefe policial describió que el hombre presentaba lesiones cortantes en sus manos, las cuales serían compatibles con el ataque. El detenido quedó a disposición del fiscal Arnaldo Maza.

Contando solamente con la información periodística no podemos aventurarnos a interpretar las motivaciones que tienen estos homicidas. Pero nos encontramos con un denominador común en los casos presentados, sus parejas los dejan porque algún cambio se produjo y no toleraron más la característica violenta del vínculo, y ellos reaccionan matando cuando son abandonados.

Tenemos muchas preguntas sin respuestas. En los casos de Fabián, Schaefer y este de Archie Phillips, el arma utilizada es de las llamadas "armas blancas". ¿Será fruto de una elección o es lo que se tiene a mano? Me llama la atención que, cuando mata un policía, lo hace con su arma de fuego, con lo cual podemos pensar que es una cuestión de accesibilidad. Claro que no es lo mismo dos puñaladas que cincuenta, tampoco es lo mismo un tiro que diez, allí encontramos una diferencia importante que señala el montante de agresión desplegado y descargado.

Otra pregunta: ¿es la misma acción matar de un disparo o de una puñalada? Creo que no, el que apuñala tiene un contacto corporal con la víctima, de proximidad, siente el daño que produce, sus cuerpos están estrechamente unidos, tiene ese rasgo distintivo del que dice "lo hice con mis propias manos".

Un rasgo en común que tienen los femicidas es que, sabiendo que van a ser inmediatamente señalados como autores del crimen y condenados a muchos años de cárcel, nada los detiene.

La madre fue estrangulada y creen que lo mismo pasó con su beba

Hacía varios días que un olor nauseabundo inundaba el edificio y no dejaba descansar a los vecinos. Ya preocupados, algunos fueron a golpear la puerta. Sobre todo cuando comenzaron a percibir un fuerte olor a gas proveniente del interior. Pero nadie atendía. Bastó un llamado al 101, para que llegara un patrullero. El policía se asomó por una ventana y vio moscas. Consultó a sus superiores y la orden fue clara: "¡Tiren la puerta abajo ya y no prendan la luz!".

Al entrar al departamento, los oficiales se descompusieron por el horror y el hedor: en un dormitorio yacían los cuerpos de una joven madre y al lado su beba. Un estudio forense preliminar habría determinado que la mujer fue estrangulada manualmente, aunque no estaba claro cómo fue asesinada la nena. El asesino, para asegurarse su macabro objetivo, abrió las cuatro hornallas de una cocina antes de huir. Al menos un vecino lo vio cuando se marchaba rápido y cerraba la puerta con llave.

La estadística no deja de ser escalofriante: suman 25 las mujeres asesinadas por episodios de violencia de género en 2013 en la provincia de Córdoba. Dicho de otra forma, más de dos crímenes por mes. La cantidad supera ampliamente a los 16 asesinatos de mujeres de 2012. Las nuevas víctimas fueron Melisa Antonella Caleri (27) y su hija Nicole, de 17 meses.

En la mayoría de los casos, los supuestos autores, exparejas, fueron detenidos. Es lo que sucedió. El supuesto autor fue apresado a pocas cuadras de la pensión donde estaba parando, en calle Neuquén. Según los policías, el hombre no atinó a hacer nada. No se quebró, se mantuvo imperturbable. Fue imputado por doble homicidio agravado.

La presunción de los investigadores es que habría actuado para saciar "una profunda sed de venganza" luego de haberse separado de su mujer hacía menos de un mes. "Los gritos y episodios de violencia eran constantes. Siempre se oían peleas", contaba una vecina.

No está confirmado si el hombre tenía denuncias en su contra por violencia doméstica. Mucho menos si contaba con exclusión de hogar. El drama sucedió en el departamento 1º "D" del complejo de calle Coronel Olmedo 867. Desde hacía relativamente poco tiempo allí vivían Melisa, su esposo Guillermo y la pequeña Nicole, hija de ambos. Nadie sabía en qué trabajaban.

Según testigos, hacía menos de un mes que Guillermo se había marchado del departamento por "desavenencias" conyugales. Según voceros de la causa, fue echado por violento. El drama habría sucedido el domingo pasado. Ambas víctimas estaban en una misma cama, en ropa interior. Se sospecha que el asesino las sorprendió durmiendo. La autopsia terminará por confirmar si la nena también fue ahorcada como su mamá, antes de que el gas inundara todo.

En las crónicas policiales vemos sucederse día a día femicidios. En la mayor parte de los casos el motivo es la ruptura de la relación, sumado a que en algunos la mujer ha iniciado un nuevo vínculo amoroso. En este caso se suma el asesinato de una pequeña hija de ambos. ¿Por qué mató a la niña? Es posible que conozca la respuesta. Cuando llega una pareja a consulta suelen hablar del comienzo de sus problemas y pronto sabemos que coinciden con la llegada de los hijos. Es comprensible que este cambio tan trascendente trastorne el equilibrio logrado por la pareja y obligue a una nueva adaptación. El padre puede sentirse desplazado, pues la atención que hasta entonces le brindaba su mujer ha disminuido y puede revivir situaciones infantiles de exclusión y culpar a la criatura de la misma. Este sujeto quiere venganza y, como hay un colapso de la función paterna, no le importa matar a su hija.

Piden 11 años de prisión por una tentativa de femicidio

Una joven casi muere en mayo por los golpes en el rostro y la cabeza propinados por su pareja. Ahora lo visita en la cárcel y pide que lo liberen.

El hecho ocurrió la noche del 29 de mayo. Los gritos de Estefanía pidiendo auxilio alteraron al vecindario y a su propia suegra, quien se acercó a la vivienda de su hijo y vio a la joven desvanecida y con sangre en el rostro. "¿Qué le hiciste?", le recriminó a su hijo y pidió que buscara un auto.

El joven salió corriendo cuando llegaban su suegro, otros familiares y vecinos que lo escucharon decir: "La maté, esta vez la maté". Estefanía fue traslada al Hospital de Emergencias "Clemente Álvarez", donde estuvo internada en terapia intensiva.

Al otro día, Leonel C. fue detenido y el fiscal Moreno le atribuyó la autoría del hecho a partir del relato de vecinos y una hermana de la joven que refirió una historia de violencia doméstica. Esa mujer dijo que la pareja se conoció en 2015 y que al poco tiempo ella quedó embarazada. Recién cuando la nena nació, en marzo de 2016, el joven volvió a aparecer en la vida de Estefanía. A fines de 2016 ella lo denunció por violencia y se separaron. Entonces el juzgado de Familia 7 emitió una orden de restricción. A pesar de ello, la pareja volvió a convivir y sobre Leonel hubo más denuncias de familiares de Estefanía que advertían la situación.

El juez aceptó la imputación de la Fiscalía por tentativa de femicidio y el pedido de 11 años de prisión para el joven que en mayo pasado golpeó a su mujer contra una pared y le provocó gravísimas lesiones.

El juez Hernán Postma aceptó la calificación del fiscal y Leonel quedó imputado por tentativa de homicidio calificado por el vínculo y por mediar situación de violencia de género. Además, le impuso la prisión preventiva sin plazos.

La fiscal Luciana Valarella reiteró las evidencias y agregó antecedentes del acusado contra una ex pareja, además del testimonio de una amiga de la víctima que dieron cuenta de su perfil violento y aclaró que el joven "recién detuvo su accionar cuando pensó que la había matado" y pidió 11 años de prisión efectiva.

El defensor, en tanto, explicó que "el joven es único sostén de familia y tiene que trabajar. Ella lo visita en la cárcel y tienen un vínculo normal. Propongo que se haga un abordaje psicológico, pero es descabellado llevarlo a un juicio".

Tras un cruce entre Fiscalía y defensa, el juez llamó al estrado a Estefanía, quien manifestó: "Me opongo al juicio, no quiero ir a juicio. Ya firmé papeles". Y ante una pregunta del defensor la joven dijo: "Quiero que Leonel salga para poder trabajar".

Finalmente el juez Postma aceptó la calificación de la Fiscalía y el pedido de pena y prorrogó la prisión preventiva. Entonces Estefanía se acercó al banquillo de los acusados, le tomó las manos a Leonel y habló con él unos segundos. Antes de que lo esposen, él se paró, acercó su rostro al de ella y se besaron en los labios. Estefanía visita en la cárcel al hombre que hace apenas cinco meses intentó matarla.

"Estamos acostumbrados a ver este tipo de reacciones en los casos de violencia de género. Y esto atraviesa a todas las clases sociales", explicó un operador de la Justicia a *La Capital* sobre la postura que adoptó la mujer de Leonel C., acusado por el fiscal Miguel Moreno de tentativa de homicidio calificado por el vínculo y por mediar situación de violencia de género.

El caso de Estefanía nos sorprende por la brutalidad del ataque y que a pesar que Leonel quería matarla, insiste en proseguir el vínculo. Tengamos en cuenta que ella no lo denunció. ¿Por qué no se separan? Badinter (1980) dice que H. Deutsch apeló a su experiencia analítica para confirmar que el análisis de la vida imaginativa de las niñas púberes revela el contenido masoquista de sus deseos. Serían numerosas las que sueñan con violaciones, con perseguidores armados de cuchillos, con ladrones que roban un objeto precioso. Sus fantasmas eróticos conscientes también estarían vinculados con imágenes de violación. Al masturbarse, a las muchachas les gustaría imaginarse golpeadas, humilladas, pero también amadas y deseadas.

10

Ellas también matan

Tenemos que reconocer
la agresión como un momento
necesario de la vida psíquica.
JESSICA BENJAMIN

Se espera tradicionalmente de la mujer un lugar de pasividad sin la agresividad propia del hombre, pues el terreno de la violencia parecería estar reservado a éste y no correspondería a la "naturaleza femenina". Son ellos los que se matan entre sí y dirimen sus conflictos ya sea a las trompadas o con diversas armas.

Desde muy antiguo las mujeres en el imaginario popular son las que rechazan la violencia y las guerras, por ser ellas y sus hijos víctimas pasivas de las mismas. Ya en el 411 a C. Aristófanes escribe *Lisístrata*, obra que se ha convertido en un símbolo del esfuerzo organizado y pacífico de las mujeres a favor de la paz. Debido a las continuas luchas que mantenían Atenas y Esparta, las mujeres de ambas ciudades deciden iniciar una huelga de sexo hasta que los hombres dejen las armas. La revuelta es liderada por la ateniense Lisístrata. Su estrategia es obligar a los hombres a hacer la paz convocando a las mujeres de ambos bandos a una huelga sexual. Las mujeres deben seducir a sus maridos: "si nos quedáramos quietecitas en casa, bien maquilladas, pasáramos a su paso desnudas con sólo las camisitas transparentes y con el triángulo depilado, y a nuestros maridos se les pusiera dura y ardieran en deseos de follar, pero nosotras no le hiciéramos caso, sino que nos aguantáramos, harían la paz a toda prisa, bien lo sé". Después de un tiempo los laconios no pueden resistir más tiempo la huelga sexual y van a negociar plenamente erectos. Lisístrata hace de mediadora entre ellos y los atenienses y la paz se consigue. Finalmente hay una comida de reconciliación entre atenienses y laconios, se reconcilian también hombres y mujeres y todo concluye entre danzas y cantos.

Esta atribución de la agresividad a los hombres es notoria no sólo en las guerras que asolan y han asolado a la humanidad, guerras en las cuales la actuación de las mujeres consistía en cuidar a los hombres en la retaguardia, destacándose en su rol de enfermeras, o sea, en una función de asistencia maternal. De acuerdo con un estudio mundial sobre el homicidio de las Naciones Unidas del año 2014, cerca de 90% de los homicidas a nivel global son hombres y alrededor del 80% de las víctimas de homicidio intencional en todo el planeta son hombres. Los homicidios cometidos en los espacios públicos son generalmente perpetrados por hombres contra hombres, mientras que en la esfera doméstica en la mayoría de los casos las víctimas son mujeres, asesinadas por sus parejas, ex parejas o familiares. En el año 2015 hubo en Argentina 2837 muertes por homicidios, de los cuales un 86,35% corresponde a varones asesinados y un 13,65% a mujeres.

La impresionante diferencia en las tasas de homicidio por género es, desde un punto de vista sociológico, claramente enraizado en la socialización de género. A los hombres se los alienta para ser agresivos y dominantes físicamente. Las mujeres, en contraste, son premiadas socialmente por su comportamiento tranquilo, subordinado y pacífico. Desde la mirada del psicoanálisis, la agresión en el hombre es externalizada, mientras la mujer la vuelve contra sí produciendo una actitud pasivo-masoquista. Pero los tiempos cambian y las mujeres de ahora también se preparan para la lucha por la vida y disputar y competir por un lugar no limitado al hogar y la maternidad.

En la medida en que las condiciones genéricas son más simétricas las mujeres exteriorizan su agresividad y, a veces igualando conductas criminales de los hombres, asesinan a sus parejas. Los siguientes son casos paradigmáticos que alcanzaron difusión mediática.

Lorena Bobbit se hizo famosa unos años atrás (1993) al castrar a su marido como venganza a su maltrato y a una actividad sexual desmesurada y en ocasiones no consentida. Tanto Lorena como su esposo tomaron caminos diferentes: ella, luego del juicio –del que salió absuelta–, se convirtió en una referente del feminismo, y él, después de un implante exitoso de parte del emblema de su masculinidad, se dedicó a exhibirlo en películas pornográficas. Este caso paradigmático fue noticia en todo el mundo, y posteriormente tuvo algunas réplicas aisladas, dos de ellas en nuestro país.

Como era habitual, el sábado 8 de enero de 2011 Jorge Luis, un taxista de 49 años regresó a su hogar luego de una intensa jornada de trabajo en las calles de Rosario y se recostó para descansar. Ya dormido el hombre, alrededor de las 14 y 10 –luego de sedarlo o anestesiarlo– su mujer lo atacó seccionándole el pene, presuntamente como venganza por una infidelidad.

Más cercano en el tiempo, en noviembre de 2017, en la ciudad de Córdoba, otra émula local de Lorena Bobbit, Brenda Barattini, una arquitecta de 26 años, en el transcurso de un juego sexual con Raúl, su amante de 40 años, quien estaba con los ojos vendados, le cortó el pene y los testículos con una tijera de podar. En sus declaraciones a la prensa, la acusada dijo: "A mí me generó un daño muy grande, un daño psicológico muy grande vulnerando mi intimidad, y eso no se hace. Yo respondí... quizá no de una manera correcta, pero respondí", dijo. Consultada sobre si el agredido había difundido un video íntimo de Barattini, ella respondió: "Creo que si este video sale a la luz, esta persona para la Justicia va presa. No han encontrado el video, no sé qué pasó. Él ha reconocido que había un video y que lo pasó".

Alex Skeel es un joven británico de 22 años. Durante años fue víctima de maltratos físicos y psíquicos por parte de Jordan Worth, su pareja y madre de sus dos hijos, la primera mujer condenada en Reino Unido por abuso doméstico contra un hombre. Este es su relato:

Teníamos 16 años cuando nos conocimos en la universidad. Los primeros meses la pasábamos muy bien juntos y hacíamos cosas de una pareja normal: ver películas o pasear. Pero unos meses después, pasaron cosas raras, que me parecían un reclamo de atención.

Con el tiempo, había conseguido aislarme de todos mis amigos y familiares. Me había prohibido verlos e incluso usurpado mi cuenta de Facebook. Empezó a impedirme que comiera. Perdí muchísimo peso. Intenté luchar contra su comportamiento, pero ella encontraba la manera de tergiversar las cosas y culparme a mí. Sabía que no tenía la culpa de nada, pero al final acababa convenciéndome y terminaba pensando: "¿qué estoy haciendo mal?".

Tuvimos dos hijos. Esperaba que eso cambiara las cosas. No fue así, y empecé a temer que, si la abandonaba, ella les haría daño. Así que nunca me fui. Claro que hubo algunos momentos muy buenos con ella, momentos en los que me sentí feliz, cuando nos reíamos y nos divertíamos juntos. No fue una pesadilla todo el tiempo. Y yo tenía muchas ganas de hacer funcionar la relación. La amaba.

Me acusaba de estar hablando o de mandar mensajes a otras chicas, algo absolutamente falso. Esperaba a que me quedara dormido y entonces me golpeaba con una botella en la cabeza y me decía: "¿en qué estás pensando?". Después de un tiempo, dejó de dolerme. Estaba tan acostumbrado al dolor que ya ni lo sentía. Así que ella ideó otra forma de lograr lastimarme. Después de la botella, llegó el martillo. Y después de eso, llegó el agua hirviendo. Llegué a tener quemaduras de tercer grado. Cada vez que me acostumbraba al dolor, ella subía de nivel.

Si las lesiones terminaban mandándome al hospital, decía que me había tropezado, que me había golpeado la cabeza o que me había quemado al poner el agua de la ducha muy caliente. Llegué a perder más de 30 kilos. Tiempo después los médicos me dijeron que estuve a 10 días de la muerte, dada la restricción alimenticia a la que había estado sometido.

Todo terminó en 2018, cuando un oficial de la policía vino a la casa para hacer un seguimiento de una visita que había hecho anteriormente. Ahí salió toda la verdad. Mis heridas eran tan graves en ese momento, y estaba tan demacrado después de haber perdido tanto peso... Hasta entonces lo había negado todo, pero no podía aguantarlo más.

Creo que lo que la movió a hacer lo que hizo fueron los celos. Mi familia y yo estábamos muy unidos, mis amigos eran geniales y ella me distanció de todo eso. Una vez me dijo: "Quiero arruinar tu vida". Ella obtuvo lo que quería, ese control completo. Y tú vives tu peor pesadilla, algo que nunca en tu vida hubieras deseado. Y aunque pueda sonar chistoso, nunca tuve prisa por salir de esa situación. No era capaz. Yo no tenía nada y, además, teníamos dos hijos juntos. Lo único que esperaba era que la pesadilla acabara. Mi preocupación eran los niños, que estuvieran bien.

Jordan nunca se arrepintió de lo que había hecho. Fue la primera mujer en el Reino Unido sentenciada a siete años y medio de prisión por un comportamiento coercitivo y controlador en una relación íntima, hiriendo con intención y causando graves daños corporales.

Muy pocos hombres buscan ayuda en caso de ser víctimas de abuso, pues hay muchos estigmas que impiden que se expresen y, a menudo, la policía no toma en serio la violencia contra los hombres.

El 12 de setiembre de 2017 Julieta Silva de 29 años fue detenida por atropellar a su novio, el rugbier Genaro Fortunato de 25 años de edad. Los jóvenes habían mantenido una acalorada discusión en un boliche de San Rafael (Mendoza), posiblemente provocada por un mensaje que recibió Genaro de su ex novia. Julieta salió del local y se subió a su automóvil, y al intentar detenerla Genaro resulta atropellado. Julieta conduce unos 150 metros, dobla en U y arrolla a su novio que se estaba recuperando de la caída, lo que provoca la muerte del joven. "Lo pasó por arriba como si nada", dijo el cuidacoches que presenció la escena. Condenan a 3 años y 9 meses a Julieta Silva, pero a prisión domiciliaria.

Fernando Pastorizzo (20 años) fue asesinado en la madrugada del viernes 29 de diciembre de 2017, en la ciudad de Gualeguaychú, Entre Ríos. Su cadáver presentaba dos disparos y lo encontraron tirado en la calle, al lado de su moto. Según la propia confesión de su novia, Nahir Galarza (19 años), ella le disparó con el arma reglamentaria de su padre que es policía, una pistola 9mm, primero dándole un tiro en la espalda, y luego rematándolo con otro en el pecho. Luego de haber cometido el crimen Nahir caminó unas 20 cuadras hasta su casa, volvió a dejar el arma reglamentaria de su padre en el lugar de donde la tomó, arriba de una heladera, sin que su familia se percatase de que había sido sustraída. Se duchó y se fue a dormir.

Los allegados de ambos adjudican conductas violentas tanto al uno como al otro, posesividad, celos enfermizos, control y, para más detalles, los investigadores encontraron que los jóvenes intercambiaron innumerables mensajes diarios. De cualquier manera, una excesiva cifra de mensajes manifiesta la dificultad para separarse y la necesidad que cada uno tiene del otro, de estar siempre juntos. Siendo imposible hacer uno de dos (como en el corazón que los enamorados dibujan con el nombre de ambos), estas personas viven frustradas y esta frustración despierta una agresión que algunas veces termina en violencia extrema.

No sólo las mujeres son desoídas y victimizadas cuando piden ayuda por cuestiones de maltrato. Alfredo Tucumán, de 28 años, murió en San Juan luego de ser apuñalado por su esposa, Claudia Moya, a quien en reiteradas veces había denunciado por violencia de género y en la comisaría le pidieron que "no fuera maricón".

Uno de los hermanos de la víctima declaró que "la mujer tenía unos celos muy enfermizos de la hija de él". Otros familiares contaron que se había casado hacía pocos meses y que la mujer "lo hostigaba y agredía de manera permanente". Incluso relataron que hasta los compañeros de trabajo lo veían golpeado y con moretones. Su jefe quiso asentar una denuncia porque llegaba lastimado a su trabajo. La madre de la víctima comentó que Claudia tenía un arma peligrosa que era su cabeza, con la que lo golpeaba y en una oportunidad le quebró el tabique.

Un caso paradigmático es aquel en que madre e hija, Paola Elvira Córdoba (38), esposa, y Paula Milagros Naiaretti (18), hija, mataron de 185 cuchillazos a Alberto Elvio Naiaretti (46) en su casa de José C. Paz. Su esposa fue la que llamó al 911 para avisar que lo había asesinado a puñaladas y, como en la pelea también intervino la hija mayor del matrimonio, ambas mujeres terminaron detenidas.

Las dos confesaron el crimen ante la fiscal, pero explicaron que hace años eran víctimas de violencia intrafamiliar. "Yo maté a mi marido porque sabía que él me iba a matar", declaró la esposa, quien explicó que aquella noche la discusión comenzó porque el hombre la llevaba a prostituirse a la ruta 8 y ella le dijo que no quería hacerlo más.

Milagros también confesó una participación en el crimen cuando vio que la vida de su mamá corría riesgo. "Yo agarré uno de los cuchillos que estaba en el piso y lo clavé a mi papá, no sé si una o dos veces y después lo solté de nuevo. Mi mamá siguió, ella lo seguía apuñalando", relató.

En la audiencia que se había realizado el defensor oficial de madre e hija, Javier Chirinos, pidió la excarcelación de ambas, ya que a su entender se trata de un caso de "violencia de género histórica" de muchos años, más de 20 años, que sufría Paola, esta violencia económica, física, tortura y prostitución. No sólo la maltrataba a ella sino también a sus hijos", explicó el defensor.

Chirinos explicó que Naiaretti no sólo realizaba amenazas de muerte a Paola Córdoba y a sus hijos "sino también a los sobrinos". Recordó que, cuando fue indagada, tanto Córdoba como él decidieron "contar con lujo de detalles todo lo que aconteció no sólo esa noche sino lo que sucedió durante muchos años, toda su historia de tanta violencia y vejaciones".

El defensor oficial también remarcó que en el caso de su asistida ningún organismo del Estado pudo darle una respuesta. "Paola hizo innumerables requerimientos, no sólo a la Justicia sino a otro tipo de organismos como la Dirección Integral de Niñez, Adolescencia y Familia de José C. Paz (DINAF) y a lugares con abogados de asistencia gratuita, y nadie le dio respuesta", señaló.

El juez de Garantías Alberto Brizuela ordenó la excarcelación extraordinaria de la madre e hija, aunque impuso como condiciones que Córdoba y su hija permanezcan los primeros 30 días de libertad en la casa de una hermana de la primera y que no se alejen a más de 100 kilómetros mientras sigue la investigación. Respecto de los otros tres hijos de la mujer, ordenó que no tengan contacto hasta que lo autorice la asesora de menores y le impidió cualquier acercamiento a la familia de Naiaretti.

Chirinos había solicitado al juez la libertad de sus asistidas a través de un planteo de "excarcelación extraordinaria" con la postura de que el crimen se enmarque como un homicidio en legítima defensa desde una perspectiva de género. Además, el defensor señaló que no hay riesgo de fuga ni de entorpecimiento de la investigación porque tras el hecho Córdoba dio aviso de lo ocurrido al 911.

Este crimen marca un récord en el ensañamiento: nada menos que 185 puñaladas. Por supuesto la cantidad de crímenes cometidos por mujeres contra sus parejas es mucho más extensa que los nombrados y no es mi intención difundirlos como violencia de género o "masculinicidios". También es cierto que los hombres llevan una gran ventaja en maltratos y crímenes cometidos a sus parejas, las cifras divulgadas son reveladoras: señalan que en nuestro país se produce aproximadamente un femicidio diario, mientras que los crímenes de hombres en manos de mujeres rondaría alrededor del 10% de la cifra anterior.

Lo que trato de demostrar es que lentamente pero a paso firme las mujeres van logrando relaciones menos asimétricas con el hombre, el mundo femenino está conquistando lugares otrora reservados a estos, y así como trabajan en las fábricas, conducen taxis, autobuses, son policías, soldados, juegan al fútbol, al rugby, son directivos de compañías, ejercen cargos legislativos y judiciales, algunas presiden países, así también participan del mundo del delito: roban, comercian drogas, asesinan a sus parejas y, como vemos en estos casos, la diferente contextura física no es un obstáculo para ello.

Si consideramos al sujeto psíquico como una construcción cultural y no como simples portadores de una herencia biológica, debemos pensar que un mundo más igualitario entre hombres y mujeres traerá modificaciones muy importantes en la personalidad de ambos. Estos atenuarán su agresividad mientras ellas estarán más preparadas para abandonar su rol pasivo. En última instancia cada uno podrá desarrollar las potencialidades del otro género que se encuentran reprimidas.

11

Hijos maltratados

La violencia innecesaria, el sadismo,
el autoritarismo que proclama que
"la letra con sangre entra",
está presente desde la historia
conocida y documentada.

EL SÍNDROME DEL NIÑO MALTRATADO

Alrededor de 1960 se produce la primera definición formal sobre este síndrome, obra de un grupo de médicos radiólogos que conjuntamente con pediatras se interesaron por una serie de manifestaciones clínicas y radiológicas que permitieron integrar el "síndrome del niño golpeado o maltratado".

En 1985 la Organización Mundial de la Salud amplía este concepto no sólo al maltrato físico del niño, sino también a la ausencia de cuidado, amor o protección de los padres o de quienes están a su cuidado.

El maltrato de los hijos como fundamento del proceso educativo tiene remotos antecedentes y constituye uno de los procederes más difíciles de erradicar. Si bien la educación y la inclusión en la cultura es una forma de violencia a la que todo ser humano está expuesto, la violencia innecesaria, el sadismo, el autoritarismo que proclama que "la letra con sangre entra", está presente en los inicios de la historia conocida y documentada, desde la Sumeria primitiva que ya tenía en las escuelas al "hombre del látigo" hasta la Gran Bretaña en la cual el castigo corporal se había institucionalizado. En las escuelas públicas inglesas fue eliminado tan sólo en 1969, siendo considerado un "procedimiento educativo" en la mayor parte del mundo. Así como en Sumeria se llamaba "hombre del látigo" al encargado de castigar a los educandos, en Gran Bretaña se lo denominaba "flagelante". Ni qué hablar del rigor con el que eran educados los niños alemanes.

DISTINTAS FORMAS DE MALTRATO

1. *Maltrato físico*: El trato despiadado de los niños, a los que desde el momento del nacimiento se los envolvía con una faja que iba de los hombros a los pies inmovilizándolos, con la excusa de que así crecerían rectos, las palizas, los encierros a oscuras, etc. representan simplemente un aspecto de la agresividad y la crueldad que hay en el fondo de la naturaleza humana, de la indiferencia innata respecto de los derechos y sentimientos de los demás.

En la actualidad todavía se consideran los golpes o palizas como un auxiliar de la educación de los hijos. El uso del temido cinturón, o el rebenque o látigo colgado a la vista como forma de amedrentar y disciplinar, los golpes, las patadas, las trompadas, el chirlo, el zamarreo, el bofetón, el tirón de pelos o de orejas se encuentran entre las herramientas muy difundidas y socialmente justificadas en aras de corregir malos hábitos o comportamientos indebidos.

El maltrato físico puede convertirse en un peligro y daño para la salud del niño y perturbar su desarrollo. En las guardias médicas de los hospitales se suelen recibir criaturas con heridas, quemaduras, fracturas, daños en sus órganos internos. Por las crónicas policiales nos enteramos de los malos tratos a los que son sometidos niños y bebés, de un sadismo tal que si no estuvieran registrados no podríamos imaginarlos. Chicos que son fracturados por castigos corporales, quemados con cigarrillos, golpeados brutalmente o asesinados por sus progenitores.

2. *Maltrato psicológico*: Pero hay otro maltrato que es tan dañino como el físico: el psicológico: la denigración, desautorización, sumisión, desvalorización del niño, insultos, burlas, críticas constantes y desprecio que se traducen en expresiones tales como: "no servís para nada", "sos un inútil", "pareces retardado", "sos estúpido", "no acertás una", "decís tonterías", "¿qué tenés dentro de la cabeza?", "no sabés nada", etc. Y estas agresiones son acompañadas por la imposición de la obediencia a ciegas conjuntamente con un discurso autoritario poseedor de una verdad que se considera única.

3. *El abandono o negligencia*: La negligencia se identifica como la falta de proveer las necesidades básicas de un niño por parte de sus padres o personas encargadas. Se define como aquella situación donde las necesidades físicas (alimentación, vestido, higiene, protección y vigilancia en las situaciones potencialmente peligrosas, educación y/o cuidados médicos) y emocionales básicas del menor no son atendidas por los miembros del grupo que convive con el niño.

4. *El abuso sexual*: La agencia federal norteamericana, Centro Nacional de Abuso y Negligencia Infantil (NCCAN), elaboró una de las definiciones más completas de abuso sexual infantil. Para ellos este fenómeno comprende "los contactos e interacciones entre un niño y un adulto, cuando el adulto (agresor) usa al niño para estimularse sexualmente él mismo, al niño o a otra persona. El abuso sexual también puede ser cometido por una persona menor de 18 años, cuando esta es significativamente mayor que el niño (la víctima) o cuando (el agresor) está en una posición de poder o control sobre otro menor".

Este mal silencioso y brutal (del que nos ocuparemos en un capítulo aparte) es mucho más destructivo cuando los encargados de velar por la seguridad e integridad del niño son los abusadores, como padres, padrastros, abuelos, tíos, maestros o sacerdotes, que utilizan a los niños como objetos de placer.

Todas estas formas de violencia son universales y se presentan en todos los grupos sociales. Los castigos corporales o psicológicos, el abandono, la indiferencia, la mutilación o la matanza de los hijos, niños o jóvenes –entre los que sobresalen las guerras– se encuentran en todas las latitudes. Por las crónicas policiales, nos enteramos de los malos tratos a los que son sometidos niños y bebés.

Una noticia policial nos relata un caso donde los hijos son víctimas de violencia psicológica, física y sexual (*Clarín*, 19/6/97):

> "Una pareja condenada por violar y torturar a sus hijos. Durante seis años el padre abusó de sus tres hijas. Y maltrató y torturó a un hijo varón. La madre pretendió no saber lo que pasaba.
>
> Los cuatro adolescentes (las niñas de 19,18, 17 y el varón de 16 años) contaron –a veces llorando– las aberraciones que sufrieron. Las tres chicas relataron los abusos sexuales, tanto vaginales como orales y anales a que eran sometidas por su padre. E incluso, cómo las obligaba a tener relaciones entre ellas.
>
> Sobre las torturas, los cuatro contaron que los golpeaba con distintos elementos; que le quemó las manos a una de sus hijas en una hornalla y obligó a la mayor a sostenerla durante la tortura; que los hacía arrodillarse sobre una bandeja con clavos y tornillos; que los ataba a la cama o sillas durante varios días (la chica quemada estuvo 21 días atada, hasta que se le secaron las cicatrices), entre otros malos tratos y amenazas de todo tipo.
>
> La hija mayor fue obligada a usar durante un año un bidón de aceite en la cabeza, agujereado en la nariz, ojos y boca y atado al cuello con candado. Según el padre, para evitar que se arrancara el pelo.

> A fines de 1989, la hija del medio se escapó de la casa y corrió hasta una comisaría para hacer una denuncia. No pudo hacerlo porque la madre la fue a buscar y dijo a los policías que la nena mentía.
>
> Pero dos años después no pudo negar lo evidente. La directora del colegio vio al hijo menor muy golpeado y lo llevó al hospital. Allí los médicos se dieron cuenta de los malos tratos. El chico tenía un tímpano destrozado. Entonces se comenzó a investigar a la familia. Unos días después, las tres nenas fueron revisadas y se comprobó el abuso sexual.
>
> Enseguida, la justicia dictó la exclusión del padre del hogar. Pero no se cumplió. Él se escondía cuando iban las asistentes sociales y la familia lo encubría.
>
> El engaño duró 3 años. Los chicos comenzaron a escaparse seguido de la casa y una de las chicas fue encontrada viviendo en la calle. A los pocos días, apareció también una de sus hermanas. Entonces se ordenó detener a los padres."

Es evidente la complicidad de ambos, padre y madre, del terrible maltrato al que tenían sometidos a sus hijos. Al no existir la más mínima empatía por estos chicos, se hace evidente que los han convertido en "objetos" de uso para la descarga de sus pulsiones agresivo-sexuales. Es así, que son desalojados tanto de su lugar de "terceros", como de su estatus de "hijos", convirtiéndoles en "cosas". Eliminada la "otredad" la pareja puede restablecer la simbiosis y borrarse como progenitores, pues son abandonadas las funciones paterna y materna, lo que implica que no son padres y (valga la redundancia) no tienen hijos. La constante tortura y el abuso sexual sirven para confirmar la unicidad de la pareja frente a "lo otro" repudiado.

UNA APROXIMACIÓN A LAS CAUSAS DEL MALTRATO

a. El paso de la simbiosis a la terceridad

En el momento del Edipo, en la escena de la simbiosis madre-hijo, surge una estructura terciaria, cuando el padre irrumpe perturbando el vínculo fusional e introduce al niño en un mundo de terceros adultos. ¿Y qué pasa con la inclusión del tercero? Surgen los celos. Antes de los celos, el otro y yo éramos la misma cosa (simbiosis madre-hijo). En psicoanálisis decimos que el número dos no existe sino como máscara de lo único. Para que haya dos tiene que haber por lo menos tres (la presencia del padre). El tercero, el padre oficia de padre-partero, encargado de cortar el cordón umbilical que une a madre e hijo y hacer de esa unidad dos sujetos.

¿Qué sucede si se excluye al tercero? La exclusión del tercero deja al sujeto alienado a su propia imagen especular en una dualidad que siempre intenta alcanzar. Los celos normales facilitan la salida de la relación dual y fusional con la madre gracias a la intrusión del tercero. Un rechazo de la separación refuerza la alienación y el deseo de fusión.

b. Recuperación de la simbiosis

Los primeros destinatarios de las demandas libidinales y narcisistas siempre están fuertemente catectizados, hecho bastante sobresaliente en las primeras elecciones de objeto realizadas por el yo. Dado que la dependencia absoluta del bebé es universal, la transferencia de esta relación al compañero sexual en la vida adulta es generalmente intensa y excluyente y es en ella donde se buscará la gratificación de las necesidades propias.

Como dije anteriormente, los enamorados dan cuenta de la negación de la alteridad en ese particular momento fusional al cual están entregados, cuando dibujan un corazón con el nombre de ambos en su interior. No existe la otredad, no hay dos corazones, sólo uno. Los sujetos se sienten con-fundidos el uno con el otro. Relación simbiótica donde ambos se representan formando un solo cuerpo, tal como cuando la madre anidaba a la criatura humana en su interior.

Esta con-fusión de los cuerpos, la convicción de que son sólo uno, permite alejar el dolor de la incompletud, de la castración; entre los cuerpos con-fundidos no hay diferenciación sexual, se sostiene la fantasía de un solo cuerpo bisexual, dotado de ambos genitales, suficiente en sí mismo. No se necesita de terceros pues se vive en plenitud. La sexualidad es experienciada como un deseo mutuo que acerca, que pega los cuerpos y los transforma en uno solo.

Todo enamorado busca en el otro aquello que no es: el objeto primario. Ambos buscan en el amor actual el amor perdido de la infancia, el reencuentro con la madre, con la omnipotencia perdida, con el paraíso terrenal. Este reencuentro es el que anhela el sujeto de la pasión, ese momento de la vida en que todas las necesidades estaban satisfechas, todas las ansias colmadas.

La pareja constituye el escenario en el cual se va a desarrollar el drama edípico. En su afán de restaurar la díada madre-hijo, siempre existe el temor de perder al amado, en cuanto este representa (es), para él/ella, el primario. Los celos tienen tres actores, triangularidad constitutiva de la vida humana; en esta estructura triádica, el que padece celos teme que el otro, el tercero, se apodere de aquello que él siente de su propiedad.

Si bien el abandono o la pérdida de personas allegadas puede ocasionar un intenso dolor, en la relación pasional, dado que el objeto que abandona es identificado con el objeto primario, sume al sujeto en la desesperación de una pérdida irreparable, ya que “madre hay una sola”. La pérdida, en este caso de alguien esencial para la vida, hunde al sujeto en la soledad, el dolor y la desprotección. No es sólo la pérdida de un sujeto que más tarde o más temprano puede ser reemplazado, no es un objeto del azar, es el objeto de la necesidad.

c. Nueva ruptura de la simbiosis

Cualquier tercero que irrumpa en la relación constituye un peligro, una amenaza a esa unicidad buscada, a esa comunión con el otro que le actualiza esa relación fusional tan especial que el sujeto tuvo con su madre, aun antes de los albores de su vida. Si la inclusión de un tercero es una fuente de trastornos en la pareja, lo paradigmático lo constituye un acontecimiento excepcional que requiere un esfuerzo de integración y de adaptación: el nacimiento de un hijo.

"El hijo, al ser algo nuevo en la estructura, inaugura un lugar que rompe con la hegemonía anterior, con el equilibrio logrado. Se produce una caída de la consistencia, inaugurándose otra que probablemente en un comienzo tenga características anárquicas. Para encontrar un nuevo equilibrio será necesaria una reorganización en la que se distribuirán lugares y funciones nuevas que deberán ser asumidas" (Milano, Winograd, 1997).

La llegada de un hijo transforma la relación de pareja: eran dos y ahora son tres. Este no es un hecho accidental; los protagonistas saben que el hijo es para toda la vida y que durante los primeros meses exigirá un cuidado constante de día y de noche. Los primeros años de crianza necesitan del máximo esmero por parte de la madre. El padre encuentra disminuida la atención de su pareja, los cuidados del bebé absorben a la mamá y esta, que ve disminuir sus horas de sueño y aumentar su cansancio, no puede atender los reclamos de su marido.

Si bien el hijo constituye la mayor parte de las veces un deseo de los padres, una muestra de sus capacidades generativas, como todo cambio que se produce en la pareja (y el de mayor importancia), tiene efectos tanto positivos como negativos. Entre los efectos negativos debemos mencionar los celos que despiertan los hijos –sobre todo en el hombre– por la atención dirigida al mismo por su pareja con sentimientos de exclusión y abandono. Es frecuente que en las entrevistas de parejas, cuando se pregunta el momento de inicio de los conflictos, éste coincida con el nacimiento de los hijos.

En el mejor de los casos, los componentes de la pareja podrán tolerar las frustraciones que causa la criatura y entonces podrán gozar de este producto de la unión y del afecto. Entre los efectos positivos de la llegada del hijo, tenemos que contar el orgullo que sienten los padres de sus potencialidades de crear nueva vida, la posibilidad de proyectarse en el hijo para trascender, poder manifestar sus afectos y cuidar de su retoño como de ellos cuidaron sus propios padres y saldar así la deuda generacional.

Así como hay parejas que ante la dificultad para concebir recurren a la fertilización asistida o a la adopción, he entrevistado parejas que renunciaron a la descendencia para preservar su existencia como tal, pues consciente o inconscientemente percibían que la inclusión del hijo podía resultar nefasta para la permanencia del vínculo.

Todos tenemos celos, todos queremos ser atendidos y escuchados y nos molesta quedar excluidos. Pero estos celos, comunes a todas las personas, pueden desencadenar en algunas parejas conductas de extrema violencia hacia los hijos, violencia testimoniada a diario en las crónicas policiales.

12

Filicidios

Los celos adquieren una primacía notable en las parejas pasionales, celos que pueden derivar en situaciones de extrema violencia ante la aparición de un tercero.

Infanticidio es una expresión generalizada que incluye a todos los asesinatos de niños. *Filicidio* es el término que utilizamos para designar el asesinato de un niño a manos de sus padres. Si ese crimen ocurre antes de las veinticuatro horas de vida, la palabra adecuada es *neonaticidio*. Cuando el asesinato incluye a los hijos y al cónyuge, se denomina *familicidio*.

En la mitología griega, para tomar solo un ejemplo, Crono, en la certeza de que un hijo lo destronará, va devorando a sus hijos uno tras otro, pero uno de ellos, Zeus, se salva y cumple la profecía asesinando a su padre.

En Atenas, durante el periodo clásico, no existía ningún tipo de prohibición para que un hombre pudiera matar o vender a sus propios hijos legítimos, y como señalaba Aristóteles: "Un hijo o un esclavo son propiedad, y nada de lo que se hace con la propiedad es injusto".

Vayne (1985) nos dice que el nacimiento de un romano no se limitaba a un hecho biológico. Los recién nacidos no eran aceptados en la sociedad sino en virtud de una decisión del jefe de familia, del paterfamilias. En Roma no podía decirse que un ciudadano "ha tenido un hijo"; el padre lo "tomaba", lo "acogía"; tenía la prerrogativa, inmediatamente después del nacimiento, cuando la comadrona lo depositaba a sus pies, de levantar al bebé del suelo para tomarlo en sus brazos y manifestar así que lo reconocía.

El padre –asevera Julien (1990)– era el Dominus, el señor, el Amo de la casa. Cuando levantaba al niño en sus brazos, él mismo se autorizaba para ser padre de ese hijo reconocido como tal. De este modo, en el origen de la cultura europea la paternidad era adoptiva y voluntaria. En el acto de levantar al niño del suelo, declaraba públicamente: "Yo soy el padre". En ese momento se fundaban los derechos del padre sobre el niño.

Es así como la suerte de la nueva persona dependía del reconocimiento del "Pater", caso contrario la criatura a la que su padre no había levantado sería expuesta, abandonada ante la puerta del domicilio o en algún basurero público, lugar donde moriría si no era rescatada por algún interesado. La exponían también si el padre, ausente, así lo había ordenado a su mujer encinta. Generalmente la matrona se encargaba de ahogar a una criatura malformada, así como también al bebé de una hija que hubiese cometido una "falta", o al hijo gestado con una esclava, siendo estas prácticas usuales y legales. Según Aries (1960) el abandono de niños se manifestaba tan considerable que demandó la creación de hospicios.

Durante la Edad Media y el Renacimiento, el asesinato de los propios hijos fue asimismo una práctica habitual, aunque se considera que la influencia del cristianismo resultó ser determinante para la disminución de este tipo de muertes infantiles (Resnick, 1970; Lambie, 2001).

El castigo del asesinato de niños comienza cuando se toma en cuenta que una potencia para que se precie de tal –como el estado francés en tiempos de Napoleón– debía tener un ejército numeroso para sus empresas de conquista pues ello aseguraba la victoria en épocas en que la cantidad de soldados era determinante. Otro factor era la necesidad de un crecimiento demográfico para el desarrollo del capitalismo naciente que necesitaba obreros para sus fábricas.

Si bien hasta la primera mitad del siglo XIX el infanticidio era muy frecuente, fue retrocediendo paulatinamente y pasó a ser objeto de represión. Sin embargo, siguió siendo la salida de muchachas solteras que no querían soportar la vergüenza de un nacimiento ilegítimo.

Debemos mencionar a Rascovsky, que introduce en el psicoanálisis la consideración de los sentimientos filicidas afirmando que "la interpretación psicológica de la lucha generacional Freud la sentó en el parricidio conforme a las pautas gerontocráticas que, desde tiempos inmemoriales, atribuyen, premeditadamente, la culpabilidad a los hijos. Por ello consideró a Edipo el parricida prototípico".

Pero Edipo es condenado a morir por sus padres, y si la muerte del niño no se consuma es por el comportamiento del pastor que entrega el recién nacido Edipo al Mensajero de Corinto, que lo ofrece a Pólibo y Mérope, reyes de Corinto, que lo adoptan como hijo.

Debemos señalar que junto a las tendencias filicidas coexisten en los padres, en mayor grado, los anhelos tiernos y amorosos que permiten la supervivencia del hijo. De esta ambivalencia y de la variada proporción de esos ingredientes esenciales, depende el destino definitivo del niño.

Para Rascovsky, así como las tendencias parentales eróticas y protectoras hacia los hijos se han exaltado y encomiado universalmente, las tendencias destructivas y denigratorias han sido y son reiteradamente negadas, y esta resistencia a admitirlas se opone al esclarecimiento de que nuestros objetos más queridos, nuestros padres, abrigan fuertes anhelos destructivos contra nosotros y, análogamente, el sentimiento de que también nosotros abrigamos fuertes deseos de destrucción hacia nuestros hijos.

Asimismo, se niega el sadismo y la crueldad contra los niños por parte de los padres y las instituciones sociales y se justifica la cólera de los padres o de los sustitutos como la sociedad o los dioses por supuestas iniquidades atribuidas a los hijos.

Para Rascovsky se utiliza una organización sistemática de la guerra que irrumpe periódicamente para que una parte de la juventud sea enviada a la muerte una vez que alcanzó un desarrollo similar al de los adultos. Así, los jóvenes reemplazan a los padres amenazados por la guerra que ellos mismos organizaron. Parece ser que desempeña un papel activo la envidia por el creciente vigor de la nueva generación.

En la guerra los enviados al sacrificio al campo de batalla se convierten en delincuentes si intentan desertar para salvarse y son honrados los que se identifican con la actitud parental y matan a jóvenes enemigos enviados, como ellos, a la muerte.

La gerontocracia se oculta hoy en una abstracción simbólica, la patria, exaltada por quien entrega voluntariamente la vida, aunque en realidad esa entrega voluntaria es una exigencia sacrificial oculta. La sumisión incorporada en el psiquismo del niño después de siglos de intimidación se ha establecido ahora definitivamente. Esta intimidación se transmite y se experimenta en muchas formas durante el desarrollo infantil, siendo la más común la denominada educación.

CASO PINTOS

Un hecho que causó conmoción en la ciudad de Rosario fue cuando Pintos, el compañero de Beatriz, en un ataque incontrolable de furia arrojó a su hijo de 3 meses contra la cuna, causándole la muerte. Transcribo una entrevista televisiva entre Beatriz, la madre del bebé asesinado y un periodista:

Beatriz: La verdad que ese día se había levantado bien, tal es así que me dijo: vos atendé al bebé que vamos a hacer torta. Yo lo atendí al nene y él se va a casa de la madre, cuando viene me pregunta: "¿no vas a ir al comedor?", bueno, le digo, si vos querés. Estaba feo el tiempo y el nene estaba molesto. Ahí fue cuando me dijo: andá con mi hermanita que está preguntando si vas a ir, pero no llevés al nene, mirá cómo está el tiempo, sobre que está apestado, lo podés apestar más. Yo daba vueltas pero no lo quería dejar.

Periodista: No lo quería dejar solo con él.

B: Claro, porque a él le molestaba que llorara. Él va a la casa de la mamá, cuando vuelve, yo lo estaba terminando de cambiar y el bebé estaba llorando. Él viene y dice: "bueno, negro, está bien que estés enfermo, pero eso no es para que estés llorando" y lo cazó de la ropita y me lo azotó contra la cama, lo volvió a cazar y lo tiró de la cama a la cunita, lo agarró de un bracito y de una patita y lo azotó contra la cunita. Como el nene seguía llorando lo agarró de nuevo y lo azotó contra la cama. Como yo intenté alzarlo me empujó y caí sentada, yo no decía absolutamente nada. "A ver, me dijo, vas a ver cómo lo voy a hacer callar". Lo levantó y lo cazó de la cabeza, y lo apretaba, le temblaba la mandíbula y en la mano se veía bien la fuerza que hacía. Me dijo: **"¿querés ver cómo te mato este guacho, así vos vas a dejar de estar todo el día sobre él?"**, y agarró y me lo apretó fuerte y me lo tiró de vuelta contra la cama, y me dice "más vale que lo hagas callar ahora". Entonces yo me levanté rápido y alcé al bebé, pero lo que menos me esperaba era esto.

P: ¿Ya no lloraba?

B: No sé si lloraba o no, no lo sé, no lo escuché, pero cuando lo alcé hizo como un suspiro y yo le dije a él: "mirá cómo hace" y me contestó: "y qué querés que haga yo, si no soy médico".

P: ¿Él ya le había pegado antes al chiquito?

B: Sí, unos días antes. Entonces me dijo: "¿cuánto hace que te vengo diciendo que lleves a esa criatura a hacerlo ver, si tiene algún empacho o algo?, ¿recién ahora te asustás? A ver si ahora te vas a hacer la leche". Salí de la casa y volví a mirar al bebé. Quedó pálido y, no sé por qué, salí corriendo para el hospital.

P: Y el chiquito llegó muerto.

El subrayado muestra claramente el origen de tanta violencia y crueldad: los celos que en el padre despiertan los cuidados de su mujer hacia el hijo y el deseo de eliminar al rival que le quita la atención de su pareja.

NEONATICIDIO

El neonaticidio es una de las formas más extremas de la violencia ejercida sobre los recién nacidos, siendo las más comunes la sofocación de los bebés o su abandono a una muerte segura. Este filicidio es consumado en las primeras veinticuatro horas de vida y es casi exclusivo de mujeres. Se trata de muchachas jóvenes que transitan un embarazo no deseado y que tratan de ocultarlo por vergüenza ante la familia o la sociedad, por provenir de relaciones clandestinas, ya sea con un hombre casado o con una persona que se desentiende de su paternidad, resultado de un encuentro ocasional, por considerar que no puede hacerse cargo de una criatura o porque aparece en un momento que perturba la concreción de realizaciones personales. Las causas del neonaticidio en mujeres mayores que están en pareja se deben también a embarazos no deseados o a dificultades económicas para afrontar la crianza.

Dio a luz en su cuarto y asesinó a su bebe con la ayuda de la abuela

El hecho ocurrió a comienzos de marzo en la ciudad de Sarmiento. Una mujer de 37 años y su hija de 17 fueron detenidas en Chubut, acusadas del crimen del bebé recién nacido de la adolescente, quien murió pues lo asfixiaron metiéndole un trozo de papel en la boca.

En su declaración, la chica reveló que dio a luz al bebé sola y en su habitación, pero aseguró que "quería tenerlo", aunque ocultó el embarazo "por miedo".

Además, desconoció su responsabilidad en la muerte del niño, al sostener: "No recuerdo haberle metido el bollo de papel, para mí que no lo hice". Sin embargo, las pericias determinaron que el niño nació vivo, con 3,400 kilogramos de peso.

En tanto, la madre de la adolescente, Miriam Marcela Saihueque, de 37 años, afirmó que con su marido "sospechaba" del embarazo de su hija, pero cuando se lo preguntó la chica "dijo que estaba gorda no más".

"Yo pensé que si estaba a lo sumo sería de tres meses porque no tenía panza y que más adelante me lo iba a contar", agregó ante la justicia.

El juez de esa ciudad, Roberto Casal, dispuso la prisión preventiva por seis meses para Saihueque y su hija menor de edad, a quienes imputó como presuntas autoras del delito de homicidio agravado por el vínculo, a la vez que calificó el hecho como de "inusitada gravedad".

La mujer fue alojada en una comisaría, en tanto que la chica quedó con arresto en su domicilio, al cuidado de su padre y de personal de la Comisaría de la Mujer.

De todas formas, el magistrado intimó a los ministerios de Familia y Gobierno de la Provincia a poner en condiciones un centro para alojar a la adolescente, quien será sometida a una serie de evaluaciones psicológicas.

El fiscal consideró, durante la audiencia de formalización de la causa, que la madre y la abuela del bebé le habrían colocado un bollo de papel de grandes dimensiones en la boca para asesinarlo y puntualizó que, según la autopsia, el niño murió por asfixia mecánica por sofocación, debido a la obstrucción de la vía aérea superior.

El abogado de la mujer mayor, Gustavo Oyarzún, rechazó la imputación contra su defendida y advirtió que no había "evidencia concreta" para involucrarla.

En cambio, no formuló objeciones a la acusación contra la adolescente y madre del bebé, por lo que avanzaría en procura de desvincular del caso a la abuela de la criatura.

Detenida una pareja por el asesinato de su recién nacido en Valencia

Teresa Dominguez, una mujer de 26 años y de nacionalidad española, ha sido detenida en Valencia junto con su compañero sentimental por la muerte de su recién nacido. La mujer alertó a los servicios de emergencias y solicitó una ambulancia porque acababa de dar a luz y sangraba profusamente.

Cuando los médicos llegaron al domicilio, ubicado en una céntrica calle de Valencia, encontraron a la mujer en mal estado y al bebé, un varón nacido a término, sin constantes vitales. Aun así, al tratarse de un recién nacido, los facultativos optaron por trasladarlo a un centro hospitalario de la ciudad de Valencia. El bebé fue dado por muerto poco después de su llegada al servicio de urgencias pediátricas. Una segunda ambulancia se ocupó de llevar a la madre al Hospital General de Valencia, donde fue atendida por las complicaciones surgidas tras el parto.

El operador del servicio de emergencias del 112 alertó también a la Policía Nacional, que acudió al domicilio, donde se encontraban en ese momento tanto la madre del neonato como el padre, un hombre de nacionalidad colombiana.

Al día siguiente, la policía tuvo constancia de que el niño no había nacido muerto, como sostenía la madre, sino que el fallecimiento se había producido de manera violenta, de modo que el caso pasó a manos del grupo de Homicidios.

El padre fue detenido y trasladado a dependencias policiales, mientras que la madre fue arrestada en el hospital en el que continuaba ingresada por decisión médica.

Agentes de la Policía Científica realizaron una minuciosa inspección ocular en el domicilio de la pareja, que no tiene hijos. Además, los investigadores del grupo de Homicidios comenzaron a tomar declaración a personas del entorno de la pareja, así como a vecinos, para determinar cuántas personas conocían el estado de gravidez de la ahora detenida. La policía y el juzgado de guardia supieron que se encontraban ante un infanticidio al ser informados por los médicos forenses del resultado de la autopsia.

Asesinó a su bebé después de parirlo y lo tiró a la basura

Otra mamá mató a su hijo recién nacido. Una joven de 20 años, oriunda de Paraguay, llegó a Buenos Aires en busca de trabajo. La contrató como empleada doméstica una familia que vive en un departamento ubicado en la zona de Barrancas de Belgrano.

Nadie sabía que S.L.C. estaba embarazada. El jueves 31 de agosto, después de hacer todos los quehaceres, dio a luz a su bebé, un varón, en el baño del departamento de su empleadora. Luego lo arrojó por el túnel de basura del edificio envuelto en una bolsa negra de un local de ropa de Miami.

El portero auxiliar fue quien encontró al pequeño muerto, aún mojado en sangre y con el cordón umbilical. Ahora se conoció la autopsia realizada por el Cuerpo Médico Forense, donde se determinó que la caída le produjo varias lesiones y hematomas. Pero la realidad es que murió por estrangulamiento, según detallaron los documentos judiciales.

Después de investigar, allanaron el departamento y descubrieron que en el cuarto de servicio donde dormía la joven paraguaya había manchas de sangre, con un trayecto sobre el piso que llegaba hasta el baño. En el tacho de basura encontraron una gran cantidad de papel higiénico con sangre.

S.L.C. aún tenía dentro de ella la placenta, lo que representaba un fuerte riesgo de infección. Los médicos constataron luego de revisarla que tenía puesta una faja en su panza y su útero estaba contraído. Quedó detenida e imputada por homicidio agravado por el vínculo, delito que podría enviarla a la cárcel de por vida.

Dio a luz en su casa y mató a la beba arrojándola por la ventana

Un hecho fatal tuvo lugar en un departamento de la localidad bonaerense de Boulogne. Una adolescente de 18 años dio a luz a escondidas de su familia y arrojó a la beba recién nacida por la ventana del baño que da a un patio interno del edificio, luego de que su padrastro golpeara la puerta.

Una vecina, que encontró a la pequeña sietemesina con el cordón umbilical, realizó la denuncia a la Policía. Horas después de ser trasladada al Hospital Materno Infantil, se constató su muerte. La mamá quedó internada, con carácter de detenida, acusada del delito de "homicidio agravado".

Otro vecino reveló que la joven vivía con su mamá, padrastro y hermanas. "Nunca noté su embarazo, nadie sabía que estaba embarazada, ni su familia", contó y agregó que se excusaba diciendo que tenía un problema de tiroides, por eso aumentaba de peso.

También aseguró que la agresora se quebró en llanto cuando su mamá le preguntaba de rodillas si estaba embarazada: "Me salió algo y lo tiré porque no sabía qué era, no sé, no sé, no sé", habría dicho la chica.

13

Filicidios 2

FILICIDIOS POR ZAMARREO

Condenaron a un ex legislador fueguino a 12 años de prisión por el crimen de un bebé

El ex legislador fueguino Luis Velázquez, del Movimiento Obrero, fue condenado hoy a 12 años de prisión efectiva por el crimen de un bebé de siete meses, ocurrido el 7 de octubre de 2010.

El Tribunal Oral en lo Criminal lo encontró culpable de homicidio simple con dolo eventual por la muerte del bebé Aaron Cano, hijo de Pamela Cano, una joven de 23 años (al momento del hecho), que era amante del entonces legislador.

La condena a prisión fue de cumplimiento efectivo, por lo que Velázquez fue detenido por cinco policías y trasladado a una sede policial donde quedó detenido.

El Tribunal convalidó el pedido del Ministerio Público Fiscal, que solicitaba una condena por homicidio simple, descartando la acusación de homicidio preterintencional –es decir, sin intención–, cargo que pesaba sobre Velázquez desde el inicio del juicio oral y público.

La condena estuvo fundamentada en pruebas médicas que comprobaron que el ex legislador sacudió de manera brusca al bebé porque lloraba mientras su madre estaba bañándose. Ese maltrato, según se argumentó en el juicio, le produjo al niño lo que se conoce como "síndrome del bebé sacudido", cuyos síntomas y consecuencias fueron posibles de identificar por exámenes forenses posteriores.

La defensa de Velázquez adelantó que apelará el fallo ante Casación. "Para nosotros no fue probada la hipótesis acusatoria", expresó Dante Pelegrino, su abogado, quien sostuvo que la detención del ex legislador fue una decisión del Tribunal.

Durante el juicio el ex parlamentario fueguino aseguró ser inocente y sólo se arrepintió de haber engañado a su mujer con la joven madre de Aaron, que había llegado a Tierra del Fuego días antes de la muerte de su hijo. Por esa razón, afirmó, solo pidió perdón "a mi familia y a Dios" y repitió que él no mató a nadie, aunque la Justicia haya fallado en sentido contrario.

Una mujer denunció a su ex pareja por zamarrear a su bebé hasta matarlo

Pedro tenía tres meses. Cuando murió lo cuidaba su papá. El primer diagnóstico fue muerte súbita, pero la autopsia determinó que sufrió el síndrome del bebé sacudido.

"Le dictaron prisión preventiva, pero ahora está libre porque la Justicia consideró que no hay amenaza de fuga". Pasó un año y tres meses desde que murió Pedro, su bebé, pero el llanto de Lucrecia Piñeiro, de Río Cuarto, Córdoba, no entiende de tiempos. La mujer, estimulada por el equipo médico que vio llegar a Pedro en coma la tarde del 22 de agosto de 2017, denunció a su ex pareja, Gonzalo Gambero, por zamarrear al hijo de ambos hasta matarlo. Pedro tenía tres meses y medio, y sufrió lo que los médicos llaman "síndrome de bebé sacudido" o "shaking baby".

Los médicos primero creyeron que había sido muerte súbita, pero, no tranquilos con ese diagnóstico, ahondaron un poco más, a partir de sospechas del equipo de la ambulancia que trasladó a Pedro hasta el Nuevo Hospital de Río Cuarto. Los estudios determinaron que había un hematoma subdural, una hemorragia de retina en ambos ojos y un edema cerebral. Ninguna de estas lesiones es demasiado evidente a la vista, una particularidad del "síndrome del bebé sacudido".

El informe de los médicos dice que la única explicación que tiene consenso es la ocasionada por un violento trauma accidental por colisión vehicular. La muerte se debió a una injuria cerebral primaria, cuyo mecanismo de producción más probable es el trauma por fuerzas inerciales (aceleración-desaceleración brusca sin impacto o con impacto sobre superficie blanda).

"Esa tarde le di la teta y me fui a trabajar. Dejé a mi gordito y a su hermana Sofía, entonces de dos años, con el papá", contó Lucrecia, y siguió: "Cuando volví me enteré de que mi gordo estaba en el hospital. Y cuando llegué, totalmente anonadada y desbordada, me dicen que fue muerte súbita. Pero los propios médicos determinaron que la muerte había sido a causa de un zamarreo mortal", relató Lucrecia.

El fiscal Javier Di Santo imputó a Gambero por homicidio calificado por el vínculo y lesiones graves, y le dio prisión preventiva porque la prueba médica era contundente. "Pero después el juez de cámara lo dejó en libertad por considerar que no había 'peligro de fuga'", se quejó la mujer.

¿Había algún indicio en la vida diaria que anticipara una tragedia así? Lucrecia lo explicó: "Gambero cuidaba a mi gordito tres veces por semana. Nunca pensé que pudiera hacer una cosa tan terrible y como papá ni siquiera reconocerlo. Hablé con Sofía, mi hija, sobre esto, que es chiquita pero extrovertida, y además le hicieron estudios a ella, pero no se verificó que hubiera sido maltratada. Nosotros no estábamos en un buen momento como pareja, pero nunca imaginé una cosa así".

FILICIDIO POR TRATO BRUTAL

Condenan a prisión perpetua a un obrero que mató a su bebé a golpes. A su mujer la absolvieron por el beneficio de la duda

Un obrero de 27 años fue condenado ayer a prisión perpetua por el asesinato de su hijo de 21 meses. Un tribunal determinó que le pegó varias trompadas en la cabeza y patadas en el vientre porque se negaba a comer.

El condenado se llama Roberto Vargas y trabajaba haciendo changas de herrería en obras. La madre del nene, Alejandra López (25), también fue juzgada pero fue absuelta en relación al homicidio. Ahora se investigará si pudo haber cometido algún delito, como el de abandono de persona.

El crimen ocurrió el 25 de enero de 1997 en una humilde casita de la localidad de William Morris, donde el bebé vivía con sus padres y su hermanito mayor, de tres años. El asesinato se descubrió dos días después.

Fue cuando la pareja fue a Pilar para visitar a un tío de la mujer. Sólo llevaron al hijo mayor y esto sorprendió al pariente. La explicación de los padres fue que un hombre les había arrebatado el bebé unos días antes, cerca de la Panamericana.

Ante esta noticia, el tío de la mujer insistió en que todos fueran a la comisaría de Derqui a hacer la denuncia. Así, la pareja entró a la seccional y el hombre se quedó afuera con el nene mayor.

Mientras los padres hacían la denuncia sobre el robo del bebé, el tío interrogó al otro hijo. "¿Qué le pasó a Johnny?", le preguntó. "Papá lo tiró en el pasto. Le pegó acá", le respondió el chico, mientras se señalaba la cabeza.

El hombre entró entonces a la comisaría y contó lo que le había dicho el chico. Frente a esta situación, Vargas se quebró y confesó el crimen.

El obrero le explicó a la Policía que le había pegado en la cabeza a su bebé porque se negaba a comer. Y agregó que su esposa no había tenido nada que ver, que el nene se había muerto en su casa y que él había insistido para que no hicieran la denuncia ni lo llevaran al hospital.

Su mujer confirmó la versión. Aseguró que su esposo había golpeado al nene la noche del 25 de enero. Y que a la mañana siguiente ella le había dado el desayuno al bebé. Pero que después su hijo había vomitado y luego se había quedado dormido, para no despertar nunca más.

La pareja coincidió en que, después de la muerte del bebé, habían decidido arrojar su cuerpo al río Reconquista, no muy lejos de su casa. La Policía fue al lugar indicado y encontró el cadáver.

Vargas fue detenido, acusado de homicidio agravado por el vínculo y de formular una falsa denuncia (la del robo del bebé). Pero enseguida se conoció la autopsia y su mujer también quedó involucrada.

Es que el informe de los peritos indicaba que el nene también había recibido patadas en el vientre. Que estos golpes le habían destruido los intestinos y habían terminado por matarlo por la peritonitis que se le desató.

A partir de este informe, la fiscalía entendió que la mujer había mentido: si el nene tenía una peritonitis, jamás podía haber desayunado tres tazas de leche como ella había afirmado. La conjetura fue que ella había sido la autora de esas patadas y la acusaron por homicidio.

Marido y mujer llegaron a juicio peleados, echándose la culpa uno al otro. A tal punto, que los dos hermanos del hombre se presentaron para afirmar que habían visto a Alejandra López pegándole patadas al bebé días antes del crimen.

El Tribunal encontró culpable a Vargas por los delitos de homicidio calificado y de falsa denuncia, por lo que lo condenó a perpetua. Pero decidió otorgarle el beneficio de la duda a la mujer y la absolvió, aunque ordenó que se la investigue.

Pareja mata a golpes a su bebé

Por orden del fiscal Alejandro Acuña fueron detenidos anoche los padres de un niño de un año y medio muerto a golpes el reciente fin de semana. El pequeño fue llevado en principio por su madre al hospital de la localidad de Morteros. Finalmente por el grado de gravedad fue derivado al hospital de Niños de Córdoba, donde dejó de existir.

Como consecuencia de la autopsia y del testimonio de allegados, el fiscal imputó a la madre, Julieta Gutiérrez, de 21 años, por homicidio calificado, agravado por el vínculo, y a Emilio Sebastián Álvarez, de 28, por homicidio calificado. Ambos están presos en la comisaría de Morteros a la espera de ser indagados y luego trasladados a Bouwer.

El fiscal Acuña dijo que el pequeño presentaba múltiples hematomas y escoraciones y, según les informó el forense, "la causa de la muerte fue shock séptico y un shock hipovolémico secundario a un maltrato infantil".

"Las lesiones habrían sido causadas por un elemento contundente, entendiendo que podían ser golpes propinados por la mano, con los pies o con algún otro elemento", remarcó.

FILICIDIOS POR VENGANZA

Fue condenado por degollar a sus hijos

La Justicia penal de Mar del Plata condenó a reclusión perpetua y la accesoria de reclusión por tiempo indeterminado a Ariel Bualo, un hombre que degolló a sus dos hijos de 2 y 4 años cuando miraban televisión en su casa, en octubre del año pasado.

Para los jueces, el hombre fue responsable de homicidio doblemente agravado por el vínculo y alevosía de sus hijos Sebastián, de 4 años, y Valentina, de 2.

El episodio ocurrió el 16 de octubre de 2000, cuando Bualo, separado desde hacía pocos meses de su mujer, Adriana García, pasó a buscar a sus dos hijos para llevarlos a almorzar afuera, aunque finalmente los condujo a su departamento, situado en Bouchard al 7200 de Mar del Plata.

Durante la tarde, y mientras los niños miraban televisión, el hombre redactó algunas cartas en las que escribió sobre su determinación de matar a Sebastián y Valentina, hasta que –cerca de las 19– los sorprendió por la espalda, les tiró el cuello hacia atrás y los degolló.

Luego colocó los cuerpos sobre una cama y se acostó junto a ellos hasta el día siguiente, cuando, luego de bañarse y de salir a comprar cigarrillos, llamó a la policía para confesar lo que había hecho y advertir que se iba a matar.

Los jueces consideraron que Bualo cometió los asesinatos para vengarse de su mujer, que no quería volver a vivir con él bajo el mismo techo. Por eso concluyeron que planeó y ejecutó el crimen de sus hijos con un día y un lugar preciso para generar un mayor efecto en su esposa.

A lo largo del proceso, la madre de los chicos reprochó la actuación judicial y policial previa a los crímenes, y denunció que si alguien hubiese escuchado la cantidad de veces que acusó de malos tratos a su ex esposo sus hijos estarían vivos.

Según García, desde que se separó de Bualo fue víctima de constantes persecuciones, amenazas y hostigamiento, que denunció en innumerables oportunidades sin que nadie tomara ninguna decisión al respecto.

Se suicidó tras degollar a su hija de dos años

“Un hombre degolló a su hija de dos años, en represalia porque su ex mujer había iniciado una nueva relación amorosa y luego se suicidó.

El hombre, sospechando que su concubina asistiría al cumpleaños de su madre, se presentó y comenzó a discutir con ella, insistiéndole que regresara con él.

La mujer, para poner fin a la pelea, le informó que había iniciado una relación amorosa con un hombre, presente en la fiesta. Enfurecido al ver al otro, y sin dar tiempo a que la mujer reaccionara, tomó a la hija de ambos, se encerró en el baño de la casa y con un cuchillo le cortó el cuello. Luego con el mismo cuchillo se quitó la vida.”

Esta noticia tiene todas las características del crimen pasional, “mata al rival y luego se suicida”. Este sujeto no tiene la más mínima conciencia de que la víctima es su hija, tenemos que señalar una vez más, la caída para este asesino-suicida de la función paterna, en ningún momento piensa que es a su hija a quien está matando, él mata para destrozarle la vida a la madre de la nena, para vengarse de la mujer que lo abandonó. Para que su venganza sea más espantosa, no atenta contra la vida de ella, la deja con vida para que sufra su castigo en plenitud. También pone en evidencia, al matarse, la imposibilidad de vivir sin su ex mujer. Por eso, ante la certeza del abandono y la prueba de la existencia de un tercero, impulsivamente, pasa al acting criminal.

Un belga mató a sus cinco hijos y al amante de su esposa

Un padre de familia, de 50 años, asesinó en Bruselas a los cinco hijos que tenía con su ex esposa y al amante de ésta, según la policía. Después de la matanza, en el barrio de Ganshoren de la capital belga, el homicida se entregó voluntariamente a la policía, ante la cual explicó que no había soportado que su mujer, de quien estaba separado, viviera con otro hombre. Según las investigaciones de la policía, el hombre mató a tiros a su rival, de 38 años, y a su propia hija, de 17 años, en la casa de su ex esposa. Sin embargo, se abstuvo de asesinar a ésta y a una amiga de su hija, que también se encontraba en la vivienda. Las dos mujeres fueron testigos del crimen y sufrieron un shock. Más tarde, la policía, alertada por los vecinos, encontró en un automóvil estacionado cerca de la casa de su ex mujer los cadáveres de tres hijos del homicida, de 7, 10 y 18 años. El hijo mayor fue ultimado a tiros, en tanto que sus hermanos murieron estrangulados. Finalmente, un enfermero encontró en un portal del barrio a la hija de 4 años de la pareja separada. La niña había logrado escapar a la furia de su padre, pero más tarde murió a causa de las heridas que le había ocasionado su progenitor al tratar de estrangularla.

Se suicidó una mujer que ahogó a su hijo para vengarse de su marido

La brasileña Adriana Cruz falleció por un paro cardiorrespiratorio que sufrió luego de ahorcarse en una celda del penal de Melchor Romero, donde se encontraba detenida por asesinar a uno de sus hijos, de seis años de edad.

Cruz ahogó al menor en la bañera de su casa en el country San Eliseo, ubicado en la localidad bonaerense de San Vicente, y, tal como lo confesó luego de ser detenida, el macabro crimen fue para vengarse de su esposo.

El hecho se produjo el pasado 19 de marzo y se conoció luego de que una de las empleadas domésticas de Cruz alertara sobre la situación a la Policía.

Cuando los agentes de seguridad ingresaron al domicilio fueron testigos de la espeluznante escena del crimen: Cruz estaba desmayada junto al cuerpo sin vida de su hijo y con cortes en los brazos, por lo que se presume que intentó suicidarse.

"Lo maté para cagar al padre", reconoció abiertamente Cruz, para luego remarcar que el macabro asesinato lo perpetró por venganza contra su ex pareja Carlos Vázquez.

Las hijas de la pareja relataron diferentes situaciones de violencia, razón por la cual Vázquez decidió radicar una denuncia contra su mujer por maltrato y amenazas, causa que no prosperó por motivos que serán investigados.

Tras esta situación, el hombre se llevó a los menores a su domicilio en Capital Federal, pero a los diez días los devolvió, una vez que Adriana pidió disculpas y prometió no hacerlo más.

El padre del pequeño dijo al fiscal de la causa que "los conflictos eran constantes" y señaló que Cruz ya había amenazado con matar al pequeño.

Las hijas adolescentes de Adriana Cruz y Carlos Vázquez estaban asustadas por la situación de inestabilidad que veían en su entorno familiar y luchaban por unir a sus padres, según quedó reflejado en algunas cartas que enviaron a su padre.

Observamos que tanto la madre como el padre pueden ser crueles con los hijos hasta causarles la muerte. Sin embargo, el filicidio materno es el que más nos horroriza. El modelo cultural atribuido a la madre (no a la mujer en general) es de amor, cobijo para el hijo, entrega total, con la renuncia a sus necesidades o la postergación de las mismas en aras del bienestar de su cría. Esta construcción de la madre aparece en el siglo XIX y, con la misma, la consideración hacia el hijo y la importancia de los cuidados que éste necesita.

De allí en adelante la literatura y las canciones y más adelante el cine y la televisión replican el modelo de madre abnegada, solícita y muchas veces sufriente en su tarea de proporcionar el bienestar a sus hijos.

Por ello, cuando una madre mata a su producto causa estupor y repudio. Es el crimen más atroz, pertenece al campo de lo siniestro. ¿Cómo una madre puede matar a su hijo?, se pregunta el conjunto social.

Sin embargo, a lo largo de la historia de la humanidad se han sacrificado a los niños por diversos motivos, como ofrenda a deidades para obtener un beneficio de las mismas, por rechazo a la maternidad en mujeres solteras que cursaron un embarazo no deseado, por tener ya una prole numerosa, etcétera.

También es cierto que el niño no tenía la importancia que se le da en la actualidad. Las enfermedades y las pestes arrasaban con la población infantil. Las familias tenían muchos hijos pues sólo algunos sobrevivían, no se podían encariñar con aquellos seres tan frágiles.

14

Otro ataque a la niñez: la pedofilia

Como no enlazar este destino
en el pedófilo con el
niño que él mismo fue.
ANDRE GREEN

PRESUPUESTOS BÁSICOS DEL ABUSO

La objetalización del otro; el otro carece del status de persona, pasa a constituir un mero objeto que puede proporcionar placer o descarga de los impulsos agresivos y/o sexuales. Por lo tanto, se anulan las posibilidades de empatía, afecto e identificación con el malestar, el sufrimiento y el daño causado al otro sujeto.

Un ejercicio de poder con ribetes megalomaníacos, en cuanto se impone, se dispone, se obliga a la otra persona a convertirse en un medio de placer o en un mero objeto de descarga impulsiva, a hacer con ésta lo que le venga en gana.

Tendencias sádicas; de las características de esta forma de vinculación y por los presupuestos anteriormente citados, no hay margen de duda que las tendencias agresivas son dominantes, que Thánatos triunfa sobre Eros.

DINÁMICA DEL ABUSADOR

Sabemos que frecuentemente los abusadores fueron víctimas de abuso, pero también sabemos que no todo abusado se transformará en abusador. La excitación, erótica y tanática, que surge en este caso tiene el objetivo de dañar a otra persona, dado que se revive la escena en la cual el sujeto fue víctima de otras personas que lo dañaron. Lo que diferencia a esta escena de la original es que los términos están invertidos, de ser abusado pasa a ser abusador. En psicoanálisis denominamos a este mecanismo "identificación con el agresor"; se parte de la convicción de que sólo hay dos posibilidades de conducta, agredir o ser agredido, y se considera que es mejor ser victimario que víctima. Es hacer activamente a otro lo que se tuvo que sufrir pasivamente.

"Pero ¿qué decir de las víctimas de los pedófilos? Existe quizás en algunas de ellas, detrás de lo que el buen sentido nos hace pensar, una suerte de fascinación por sus verdugos que en muchos casos corresponde a una solicitación masoquista precoz proyectada sobre un personaje omnipotente. En otras se trata de una resignación desesperada, del temor de no ser creídos y hasta de recibir castigo, de la culpa por lo que ya aconteció. En todo caso, detrás de la sexualidad que transforma el ser del niño entero en objeto parcial anexado, yace en el pedófilo un inmenso deseo de dañar y, en ciertos casos de matar. Cómo no enlazar este destino en el pedófilo con el niño que él mismo fue y que en ocasiones sufrió la pedofilia de un adulto o su sadismo: en todos los casos, su desprecio humillante" (Green, 1997).

Pommier (2015) dice que para un pedófilo el objeto es el niño que él mismo fue: por lo tanto, primero va a contentarse con acariciar a un niño, pero como el objetivo sexual ha cambiado, una eventual penetración da otro giro –dramático– a esa violación.

Más que ninguna otra perversión, la pedofilia muestra al neurótico la represión de su propia perversión. Esta proximidad puede ilustrarse a partir de la expresión de deseo "de un" niño y de los equívocos a que da lugar. En primer lugar existe una ambigüedad entre el deseo de *tener* un niño, un hijo, y el deseo *sexual* por un niño, sentimientos que no dejan de estar relacionados entre sí. El equívoco de la expresión "desear un niño" permite desarrollar la dialéctica del deseo, según siga siendo incestuoso o, por el contrario, reprima su dimensión sexual. La perspectiva socialmente admitida del "deseo de un niño" consiste en tener un bebé, mientras que su perspectiva socialmente deshonrosa consiste en desear sexualmente a un niño. Estas dos perspectivas no son antinómicas. El hecho de "desear tener un niño" no excluye "desearlo también sexualmente", pero, por supuesto, este deseo generalmente se reprime. Vemos así la complejidad del deseo "de un" niño.

ALGUNAS CONSIDERACIONES ACERCA DEL INCESTO

Cuando nace el bebé comienza un proceso de libidinización de la madre, más específicamente del pecho materno, para ir progresando en la medida en que el bebé se desarrolla hasta poder abarcar la totalidad de la figura materna. Es así que la madre se convierte en el primer objeto de amor del cual depende la criatura para sobrevivir.

Paulatinamente va a ir incorporando otras personas de su entorno a las cuales también les dispensará su amor, entre ellas, la más importante, el padre. Así, en la medida en que su mundo se va ampliando, va sumando personas significativas que participan de su vida afectiva. Abuelos, tíos, hermanos, niñeras, maestros, amigos y todos aquellos con los que interactúe constituirán su soporte afectivo, con ellos se iniciará en las alternativas del amor.

Estos personajes constituirán su mundo afectivo transfiriendo ese primer amor por la madre a otros amores en una larga cadena asociativa. Por supuesto que el amor nunca se transfiere en su totalidad, los primeros objetos amorosos van a conservar un lugar privilegiado, fundamentalmente la madre y el padre.

Respecto al tema del incesto, podemos seguir estas transferencias que comienzan con la madre para registrar la gravedad de este acontecimiento horroroso. El mayor daño de este hecho vergonzante se produciría en el incesto materno, pues la simbiosis madre-hijo clausura el ingreso del niño al mundo. Ya con el padre se ha efectuado una transferencia, un eslabón de la cadena, y las consecuencias del incesto, si bien catastróficas, provocarían un trauma de menor intensidad. Y esto vale para toda la cadena asociativa. No se padecerán las mismas consecuencias si el abuso lo comete el padre, un tío o un vecino. Cuanto mayor es la distancia emocional que mantiene la víctima con el abusador, cuanto menor su dependencia de protección de éste, menor será el trauma, o para ser más precisos, menos devastador.

Entre las contradicciones y las paradojas con las que se enfrenta la niña o el niño abusados por su padre, debemos añadir el juego de afectos que se originó entre ellos y el amor que le tienen como padre, y, por lo tanto, el temor a perder ese amor, aun cuando el padre los posiciona en un rol que no les corresponde, rol que tiene otro destinatario.

El padre abusa de sus hijos para satisfacer sus deseos, respaldado en el poder que le permite disponer de ellos, despojándolos de su facultad de decisión y eliminando su subjetividad, convirtiéndolos en un objeto, sin importarle el sufrimiento que les ocasiona.

La calidad siniestra y el efecto traumático devastador del abuso familiar son generados por la transformación del victimario, de protector en agresivo, en un contexto que confunde a la víctima y le impide reconocer cuáles son los comportamientos violentos, dado que el acto de violencia es descalificado como tal por el victimario.

"El niño y la niña son seres sexuados que tienen toda la potencialidad para desarrollarse. Y es esa potencialidad la que se ve afectada cuando el adulto irrumpe con una genitalidad que la víctima no está en condiciones de comprender. Su inmadurez y dependencia no le permiten ejercer un juicio crítico sobre lo que les ocurre y por lo tanto no pueden asentir ni disentir con respecto a dicho acto" (Pauluzzi, 2012).

"El ejercicio de un poder despótico (Marini, 2012) arrasa la subjetividad en ciernes, dando un marco de incertidumbre a su representación del mundo, a las relaciones familiares como lugar de abuso en el que la muerte prevalece: muerte del vínculo paterno filial. Muerte de dimensiones del erotismo que debiera haberse desplegado mucho más tarde, paulatinamente y en la exogamia. En suma, relaciones familiares que son un espacio de confusión en donde las cosas no son lo que parecen, los afectos no son los que se esperan, el horizonte es incierto y amenazante."

El caso Jessica

Jessica Dumont, de 17 años, campeona sudamericana de taekwondo, se suicidó el 12 de julio de 2009 disparándose un tiro en la cabeza. Dos meses después su madre, Celine Foissac, promovió querella por "incitación al suicidio" contra su marido, Roberto Marcelo Dumont, padre de Jessica que, como su hija, es cinturón negro de taekwondo.

La presentación se hizo por la existencia de testimonios que indican que la joven se habría suicidado porque en al menos una ocasión su padre intentó abusar sexualmente de ella, y además protagonizó un episodio de violencia, en contra de Jessica, el día del suicidio.

La joven había concurrido, el 11 de julio de 2009, a una fiesta y luego fue a casa de una amiga, donde se quedó a dormir.

Cerca del mediodía del 12 de julio, Dumont ingresó por la fuerza al domicilio de la amiga de su hija, a quien "levantó de los pelos de la cama donde dormía y la arrastra, le decía h. de p. levantate, ella se cae, y al levantarse él le pega piñas en la cabeza, al costado, dos en el hombro, una en la mano, ella sólo ponía las manos para defenderse". Tras la golpiza, Jessica se encerró en el baño y luego se escondió dentro de un armario del que no salió hasta que llegó la policía.

En la comisaría, Dumont pidió que se le hiciera a la adolescente "un examen vaginal" en su presencia y una rinoscopia. Los estudios finalmente no se hicieron, pero Jessica se suicidó ese mismo día, a las seis de la tarde, luego de decirles a sus amigas: "Por culpa de este h. de p. –en alusión a su padre– me quiero matar".

Su amiga Luciana se comunicó con Jessica por Internet en la tarde de ese día, ya que ella le había enviado un mensaje por messenger. "Lo abro y me decía que se quería matar." Luego le dijo por la misma vía que estaba "muy preocupada y angustiada porque había estado en la comisaría", que había ido a una fiesta y que se había levantado "con su padre pegándole". Jessica le dijo a Luciana que "se sentía mal y que odiaba a su padre". "Mirá la vergüenza que me hace pasar. Él es mi padre y cómo me va a pedir que me revisen la c..." y que "se pegaba un tiro o se tiraba del séptimo piso" de la casa de su abuela materna, donde se encontraba en ese momento. Allí, con una pistola calibre 22 largo que tenían guardada en un armario se suicidó.

Cecilia, empleada de los Dumont, dijo que la relación del padre con Jessica "no era buena y creo que se debía al maltrato que sufría la madre" de la chica. Recordó que "en una oportunidad Jessica le comentó que se acostó en la cama matrimonial (su mamá se había acostado en el cuarto de la chica) y se despertó siendo tocada por su padre en sus partes íntimas, ella se levantó, lo empujó y se fue". Ese episodio habría ocurrido en marzo de 2008. Ella (por Jessica) quedó medio dolida, le dije que le comentara a su madre, pero no quería hacerlo por temor a lo que pudiera hacer si enteraba.

"María Marta, la madrina de Jessica, dijo que estaba enterada por dichos de su ahijada que Roberto, su padre, la había tocado. Testimonió a su vez que presenció "en muchas oportunidades agresiones puntuales contra Jessica, muchas humillaciones. Tengo conocimiento de que Jessica le pidió a su madre que se separe, a mi ahijada siempre la descalificaba, la humillaba, frente mío y de mi marido le pegó en una ocasión una flor de patada. Era normal para él pegarle, humillarla delante de la gente".

El padre la desafilia cuando intenta toquetearla, dejándola carente de una figura que debía protegerla. En lugar de ello, la maltrata física y psicológicamente humillándola reiteradamente. Estas posibilidades de abuso están arraigadas en la cultura desde tiempos inmemoriales, pues se considera a los padres, y especialmente al padre capacitado para educar y corregir a sus hijos, empleando los métodos que crea convenientes para regimentar la agresividad y la sexualidad de éstos y como paterfamilia su autoridad no puede ser discutida en la privacidad del hogar.

En este sujeto aparece con nitidez la presunción de que es dueño del cuerpo, y por lo tanto de la sexualidad de su hija, reacciona como un marido o amante que sospecha que su mujer lo engaña, reclamando un examen ginecológico para comprobarlo. Su locura lo lleva a excesos agresivos.

No cabe duda de que la conducta de Dumont y la ausencia de una figura materna que la defienda, lleva a Jessica a la muerte, defendiéndose de ser tomada como hembra por el padre.

Si bien este es un caso extremo de apropiación del otro, no es nada infrecuente que los padres sientan que las hijas les pertenecen y cuiden con desmesura de ellas, intentando reprimir su sexualidad y la existencia de vínculos exogámicos. Mientras festejan las conquistas sexuales de los hijos varones, preservan la sexualidad de las hijas.

Abusó de su hija durante 20 años y tuvo ocho hijos con ella

Un hombre que abusó de su hija durante 20 años y con la que tuvo 8 hijos fue detenido. El caso se conoció cuando la mujer fue a un centro asistencial a que atendieran a uno de sus hijos.

El secreto, guardado puertas adentro durante dos décadas, se habría revelado cuando el hijo menor, de 5 años, se enfermó y la mujer lo llevó a un centro asistencial del barrio Villa Balnearia de Las Termas de Río Hondo. Estuvo allí durante semanas. Los médicos y paramédicos indagaron acerca de quién era el padre de los niños y la mujer, con cierta ingenuidad, dijo que su padre biológico era el padre del niño. Y se conoció la verdad.

Los médicos, gracias a su insistencia para conocer semejante historia, descubrieron que la mujer estaba permanentemente amenazada de muerte y que era sometida sexualmente por el hombre.

El hombre, Domingo Bulacio, de 56 años, hace 20 años tenía 3 hijos; su mujer aparentemente falleció y dos de sus hijos se fueron a vivir con familiares. Él se quedó con la niña de 11 años. En poco tiempo, la joven, obligada y sometida por su padre, ocupó el "lugar de la madre": comenzó a ser ultrajada y violada, a pesar de los ruegos de ella.

"Vernacho", tal es el apodo del abusador, convirtió a la joven en su esclava sexual y así se sucedieron los hijos: tuvo 8. Todo esto sucedía en la Villa Balnearia en el departamento Río Hondo, a pocos kilómetros de Las Termas de Río Hondo.

Todos vivían en una casa de un solo ambiente y "Vernacho" sometía sexualmente a su hija delante de los siete pequeños. La mujer les decía a los chicos que no miraran.

En sus declaraciones, varios vecinos habrían reconocido que el hombre tenía una familia rara, muy cerrada, y que intuían que era violento.

Cuando la policía fue a detener a Bulacio a su domicilio, no lo encontró y tuvo que intensificar la búsqueda. Estuvo prófugo durante un mes y medio, hasta que lo hallaron en una casa familiar ubicada en una zona rural, a 30 kilómetros de la ciudad de Loreto. Los cargos que le atribuyó el fiscal Marcelo Sgoifo son "abuso sexual con acceso carnal gravemente ultrajante agravado por el vínculo". Van a interrogar a los niños a través de una Cámara Gesell, harán declarar a la mujer, y se ordenaron análisis de ADN para confirmar el vínculo sanguíneo entre los menores y el detenido.

Preso por violar a sus tres hijas cuando eran chicas

Un hombre de 48 años fue detenido en el barrio porteño de Villa Soldati. Según los investigadores, el hombre está acusado de haber abusado de sus tres hijas cuando tenían entre siete y diez años –ahora tienen entre 17 y 20 años– y tras consumar los abusos las amenazaba con matar a su madre si decían algo.

Los delitos sexuales ocurrieron cuando la familia vivía en Ciudadela, en el oeste del Gran Buenos Aires. Según los investigadores, el abusador llevaba a sus hijas a dar una vuelta en bicicleta, paseo que terminaba en un descampado en donde las sometía. Cuando las chicas intentaban resistirse a salir a dar el "paseo en bicicleta", las golpeaba y las amenazaba con acuchillarlas.

Además el hombre acusado, según revelaron las víctimas en sus declaraciones a la Justicia, también las manoseaba cuando la madre de las nenas iba a trabajar y entonces simulaba dormir la siesta con ellas. Cuando las chicas llegaron a la adolescencia la familia se mudó a Villa Soldati. En ese momento, el hombre interrumpió los ataques a las chicas a raíz de que las adolescentes se lo contaron a la madre, luego de que intentara someterlas nuevamente.

Llegado ese punto la mujer primero lo denunció a la Justicia y después, con la ayuda de vecinos, lo forzó a abandonar la casa. Luego de varios meses de investigaciones, la Policía Federal logró localizarlo y, con una orden de captura judicial, concretó la detención a pocos metros de donde viven actualmente su esposa y sus hijas.

Abusó durante 12 años de su hija y tuvo 3 hijos con ella

Detienen a un hombre acusado de abusar durante 12 años de su hija y de tener tres hijos con ella. La mujer de 24 años denunció que su padre abusó de ella durante años y producto de los reiterados abusos tuvo 3 hijos. Los nenes tienen 6, 4 y 2 años.

El caso que ocurrió en Las Heras, en Mendoza, ya está siendo investigado por el fiscal de Delitos Complejos Santiago Garay, quien ayer ordenó la detención del acusado y anoche lo imputó por el delito de abuso sexual agravado por el vínculo.

El hombre de 46 años trabaja como vigilador privado y fue detenido este miércoles por la tarde en un asentamiento cercano al Barrio Covirpol de Las Heras. Actualmente, permanece alojado en una celda de Contraventores.

Ahora, el fiscal Garay aguarda los resultados de las pericias psiquiátricas y de los estudios de ADN. También está investigando si hubo complicidad de la madre de la joven denunciante.

Garay también confirmó que la joven presuntamente abusada y sus tres hijos están recibiendo asistencia profesional y fueron derivados a una vivienda segura dispuesta por las autoridades del Ministerio de Seguridad.

Menor violada por su padre, su padrastro y su abuelo

La provincia de Corrientes se encuentra conmocionada por la revelación de un caso de abuso sexual contra una nena de 12 años, que sufrió el ataque de su padre, de su padrastro y de su abuelo.

La pesadilla de la niña comenzó en su casa de la localidad de Esquina, donde sufrió un ataque sexual de su padre, un hombre de unos 40 años que ahora está detenido. Nunca se animó a contar lo que le había sucedido y todo pareció quedar atrás cuando sus padres se separaron.

Al poco tiempo la madre de la menor inició una relación con un hombre de 70 años, que también abusó (en reiteradas ocasiones) de la chica de 12 años. Para completar el panorama de horror, también el abuelo sometió a la pequeña, en el momento en que debía cuidarla, ya que la madre había ido a visitar al padre en la comisaría.

La víctima se encuentra con asistencia psicológica y temen que pueda atentar contra su vida por la pesadilla que está atravesando.

Dos maestras fueron las que dieron la voz de alerta, al notar que estaba triste y luego de escuchar rumores del drama que vivía en su casa. La nena finalmente les contó por lo que estaba pasando y –tras la denuncia– y la constatación del abuso, la policía pudo detener a los tres hombres, acusados de abuso sexual con acceso carnal.

La víctima fue examinada por un grupo de profesionales que constataron las lesiones sufridas. Incluso un psicólogo determinó que la menor no estaba fabulando, ya que fue muy clara y precisa al hablar de los ataques sexuales padecidos en el ambiente familiar.

Con el padrastro

Una niña de 8 años vive una pesadilla luego de sufrir el abuso de quien debía cuidarla. Su padrastro está detenido, acusado de perpetrar la violación.

El domingo a la madrugada, la madre de W. tuvo que salir de urgencia, a ver a su padre que está internado en un sanatorio de la capital. Sus cuatro hijos quedaron en la casa, cercana a la avenida de Circunvalación, en la zona norte de la capital tucumana, a cargo de su pareja, un hombre de 34 años, padre de tres de ellos.

Cuando la madre de los chicos volvió, encontró a su hija de 8 años llorando sin consuelo. Uno de los hermanitos le contó que el padrastro le había pegado, luego la encerró en su habitación y trabó la puerta con un secarropa.

La nena contó que su padrastro, luego de encerrarla, la tocó en sus partes íntimas y la obligó a practicarle sexo oral. Ante este relato, la madre hizo la denuncia en la seccional décima.

Luego de que el médico de la Policía observó que la nena había sufrido varios desgarros en la zona anal, el padrastro quedó detenido. El presunto abusador quedó aprehendido por "abuso sexual con presunto acceso carnal".

Con el padrino

El caso de Nadia es el de otros tantos niños que, como ella, sufren el abuso puertas adentro de sus hogares. Así comienza su relato:

"Tenía 6 o 7 años, mi primita es de la misma edad y jugábamos juntas. Me acuerdo que la primera vez llevábamos calzas de colores que mi tía nos había comprado. Las mías eran de color naranja y las de Andrea, blancas.

Mi tía y su marido vivían cerca de casa y venían seguido, mi tía es hermana de mi mamá y el esposo de ella es mi padrino. Ellos no tienen hijos y su situación económica era desahogada, mucho mejor que la nuestra, porque mi mamá tenía que limpiar casas para ayudar a mi papá.

Bueno, la primera vez que ocurrió él estaba sentado en una silla de esterillas, esas que se usaban antes, leía el diario con la luz que le llegaba de una ventana que estaba a sus espaldas. Mi papá estaba en el taller, mi mamá trabajando y mi tía fue a hacer las compras al mercadito porque íbamos a comer todos juntos.

Mi padrino nos miraba de vez en cuando, y en un momento dice: chicas, les voy a mostrar algo que tienen los hombres y no tienen ustedes y comenzó a desabrocharse la bragueta y nos mostró el pito. Nosotras mirábamos con curiosidad mientras él se tocaba y su pito iba creciendo. Decía que esto es un acto de amor que hago con todo respeto y agregaba ceremoniosamente: con todo respeto, sanamente.

Después de eso nos dio mucha plata para que nos compremos lo que quisiéramos. Así que fuimos al quiosco y compramos cartucheras para los lápices, una muñequita muy linda y golosinas.

Las veces siguientes nos pidió que le tocáramos el pito y que si lo acariciábamos, éste se iba a poner durito de contento. A nosotras jugar con mi padrino no nos interesaba, pero sabíamos que después nos daba dinero para gastar a nuestro antojo. Cuando venía y estábamos solos me pedía que lo toque y yo lo hacía porque sabía que después me daba plata.

Antes de los doce años me hice señorita. Me acuerdo que en esa época mi tía me llevaba a su casa y muchas veces me quedaba a dormir. Un día de esos mi tía me llevó al baño para que mi tío me bañe. Mientras me enjabonaba me metía mano abajo y en las tetas. Yo pensaba cómo un tío puede hacer estas cosas.

Cuando me quedaba a dormir en lo de mi tía ponían un colchón en el suelo, al lado de la cama de ellos. En las ocasiones en que mi tía salía a hacer las compras, él se acostaba conmigo y me acariciaba abajo y las tetas. Me quería besar y me daba asco porque tenía olor a cigarrillos. Una vez quería que jugáramos a los esposos, yo era la esposa de él y en esa ocasión quería penetrarme.

Otras veces me rozaba con el pito. Decía que cuando se le paraba era por amor, que lo hacía con todo respeto, sanamente.

Me pasó con otras personas mayores que de chiquita me querían tocar. Cuando tenía doce años iba a un taller cerca de casa a barrer antes de comer y el señor cuando nadie lo veía trataba de tocarme.

Cuando tenía quince años no dejé que mi padrino se me acercara y él no lo intentó más. Fue en esa época que empecé a salir con chicos y tener noviecitos.

La primera experiencia sexual, cuando me penetraron fue con mi novio de los dieciséis años. Algo lindo, muy tierno, nos dimos muchos besos y me gustó cómo me acariciaba. Cuando nos despedimos me encontraba molesta con él, después me dio mucha risa pensando que esperaba que me diera dinero.

El tiempo que salí con Jonathan fui muy feliz y cada vez que teníamos sexo lo hacíamos mejor y lo pasábamos de primera. Estábamos aprendiendo los dos, pues para él también todo era novedoso. Pero su familia se mudó a otra ciudad y nos tuvimos que separar."

Para Nadia como para tantas otras chicas y chicos el abuso se cometió dentro del ámbito familiar. Un adulto (padrino=padre sustituto) manipula el vínculo de respeto y confianza en que lo ubicaba la familia de Nadia, quebrando la relación de parentesco y generacional para introducir a la niña en su sexualidad adulta, utilizando además, para mayor daño, su poder económico para lograr el silencio de la misma transformándola en cómplice y prostituyéndola.

INCESTO Y SECRETO

Conocemos a través de los medios de comunicación que cuando una joven es violada a la salida de la escuela, a la vuelta del boliche, por alguien que conoció accidentalmente, o por un desconocido, por lo general habla con su familia para hacer la denuncia correspondiente a fin de que el violador pueda ser apresado y castigado.

Pero esta situación suele ser distinta cuando se trata de abusos o violaciones intrafamiliares. Su descubrimiento generalmente es posible por la intervención de personas ajenas a la familia como suelen ser maestros, profesores, amigos, vecinos o familiares que se han alejado porque también han sufrido abusos.

Tengamos en cuenta que la persona que está abusando del/la menor es también quien lo/la cuida y con quien convive. Esto provoca en el menor una situación de confusión porque aquello que está sufriendo como una invasión prematura de su sexualidad es causado por una persona que participa de sus afectos. Es así que quien es agredido sexualmente mantiene el secreto de esta relación por temor a no ser creído y también para preservar a la familia del escándalo. Esto es muy dañino para la víctima porque puede sentirse cómplice involuntario de esa situación aberrante con el consiguiente aumento de sus sentimientos de culpa.

Pienso que a estas consideraciones puedo agregar otra, lo cual nos daría un cuadro más completo de esta relación entre la niña/o y el abusador cuando este es el padre, o la pareja de la madre. Sabemos que los niños se constituyen a partir de la triangularidad edípica y en la situación de abuso de la niña/o con su padre o padrastro, ella/él siente que está ocupando, usurpando un espacio que, si bien inconcientemente desea, le pertenece a la madre y que por lo tanto la está traicionando y excluyendo.

Es así que el adulto violador fuerza a la niña/o a desafiar la prohibición del incesto que se acompaña con sentimientos de culpa y vergüenza por ocupar el lugar de la madre transgrediendo una ley fundadora del orden social. Estos sentimientos de culpa impiden su denuncia y en adelante "de esto no se habla" favoreciendo la continuidad del abuso y la impunidad del agresor. También y no menos grave es el hecho que el victimario abandona la función paterna convirtiendo a la hija/o en su hembra, dejándola/o sin padre.

En muchos casos estos hechos aberrantes se "olvidan", como un mecanismo de supervivencia. Por supuesto producen síntomas y por lo general sólo se vuelven a recordar en circunstancias muy específicas, como ocurre a veces durante las sesiones terapéuticas.

RESPONSABILIDAD DEL ABUSADOR

Las personas que han pasado por esa experiencia traumática llevan consigo vivencias contradictorias que las hacen transitar diferentes caminos de acuerdo a la relación que tuvieron, quién abusó de ellas, durante cuánto tiempo, a qué edad comenzó, de qué sexo eran, hasta dónde llegó el abuso, cómo se comportó el entorno, qué asistencia tuvo. Lo que sí podemos asegurar es que deja huellas profundas en la evolución emocional de quien lo padeció.

El hecho de considerar que el abusador está enfermo no debe ser utilizado como un argumento para desculpabilizarlo. En primer lugar, porque él sabe lo que está haciendo. En se- gundo lugar, porque cada uno es responsable de sí mismo, aun de su enfermedad. En tercer lugar porque es peligroso, en tanto puede repetir el abuso. Para la víctima es importante la denuncia y el castigo del abusador, para permitirle así poder discriminar entre víctima y victimario.

En la medida en que la ley ampare a la persona abusada y la defina como tal, le permite aminorar, o en el mejor de los casos eliminar el efecto traumático sufrido por la agresión. Para que una conducta abusiva pierda su efecto traumático debe ser calificada de tal y el abusador recibir su castigo social y la condena de la ley.

Citas bibliográficas

AGUIAR, E., MENDILAHARZU, G. y LAMOVSKY, C. *Del enamoramiento al amor, una tipología de los funcionamientos vinculares*, m.s.

ALEXANDER, F. y FRENCH, T. (1965) Terapeutica psicoanalítica, Buenos Aires: Paidós.

ARIES, Ph. (1960) *El niño y la vida familiar en el antiguo régimen*, Madrid: Taurus, 1987.

AULAGNIER, P. (1979) *Los destinos del placer*. Buenos Aires: Paidós, 1994.

BATAILLE, G. (1957) *El erotismo, Barcelona*, Tusquets, 2000.

BAUMAN, Z. (2003*) Amor líquido.*; Buenos Aires: Fondo de Cultura Económica, 2005.

BECK, U. y BECK-GERNSHEIM, E. (1990) *El normal caos del amor.* (Rubí) Barcelona, Paidós, 2001.

BENJAMIN, J. (1995) Simpatía por el diablo: Notas sobre la sexualidad y la agresión, con especial referencia a la pornografía, del libro: *Sujetos iguales, objetos de amor*, Buenos Aires: Paidós Psicología Profunda (1997).

BERENSTEIN, I. e PUGET, J. (1982) *Algunas consideraciones sobre psicoterapia de pareja: del enamoramiento al reproche.* Buenos Aires: Revista de Psicología y Psicoterapia de Grupo, V, 1.

BERGER, J. (1995) *Páginas de la herida*, Madrid, Alfaguara.
BERLFEIN, E. y de MOSCONA, S.L. (1997) "Hacia una metapsicología del concepto de pulsión a nivel vincular", en *Psicoanálisis de pareja. Del amor y sus bordes*, Buenos Aires: Paidós.
BRACHI de ANDINO, L. (1996) *Hacia una clínica de pareja en los umbrales del nuevo siglo*, Buenos Aires, Actualidad Psicológica.
BRENGIO, A. e MOSCONA, S. (1989) *Referentes teóricos en el psicoanálisis de pareja*. Buenos Aires: Asociación Escuela Argentina de Psicoterapia para Graduados.
BRENGIO, A., CZERN1KOVSKY, E., de HOFMAN, C. e ZIMMERMAN, S. (1985) *La salida de la especularidad hacia la aceptación del otro como persona real*, Buenos Aires: Revista de la Asociación Argentina de Psicología y Psicoterapia de Grupo.
CARATOZZOLO, D. (2002) *Parejas en crisis, Rosario*: Homo Sapiens.
CARATOZZOLO, D. (2007) *Vivir en pareja*, Rosario: Homo Sapiens.
CHOISY, M. (1993) *Prostitución. Enfoque médico, psicológico y social*, Buenos Aires: Lumer- Hormé.
CORRES AYALA, P. (1996) *Los significados del placer en mujeres y hombres*, México: Fontamara, 1997.
DELOUPY M.C. (1998) Los celos y el ser, en *Las patologías de fin de siglo*, VII Congreso Internacional Grupo Cero, Buenos Aires, Editorial Grupo Cero
ESTACOLCHIC, R. (1999) El amor: entre obsesiones, muerte, y familias, del libro *Escenas, causas y razones de la vida erótica*, Buenos Aires: Letra viva, Librería y Editorial (2003).
FAIRBAIN, R. (1940-1951) *Estudio Psicoanalítico de la personalidad*. BuenosAires: Hormé, 1962.
FENICHEL, O. (1945) *Teoría psicoanalítica de las neurosis*. Buenos Aires: Paidós, 1964.

FREUD, A. (1937) *El yo y los mecanismos de defensa*, Buenos Aires: Paidós, 1965.

FREUD, S. (1905) *Tres ensayos de teoría sexual*, Vol. VII, Buenos Aires: Amorrortu. 1993.

FREUD, S. (1910) *Sobre un tipo particular de elección de objeto en el hombre*, Vol. XI, Buenos Aires: Amorrortu, 1993.

FREUD, S. (1915) *Pulsiones y destinos de pulsión*, Vol. XIV, Buenos Aires: Amorrortu, 1993.

FREUD, S. (1916 [1917]) "Algunas perspectivas sobre el desarrollo y la regresión. Etiología", en *Conferencias de introducción al psicoanálisis*, Vol. XVI, Buenos Aires: Amorrortu. 1993.

FREUD, S. (1917 [1916-17]) *La vida sexual de los seres humanos*, Vol. XVI, Buenos Aires: Amorrortu, 1993.

FREUD, S. (1921) *"Psicología de las masas y análisis del yo"* Vol. XVIII, Buenos Aires: Amorrortu, 1993.

FREUD, S. (1922 [1921]) *Sobre algunos mecanismos neuróticos en los celos, la paranoia y la homosexualidad*, Vol. XVIII, Buenos Aires, Amorrortu. 1993.

FROMM, E. (1956) *El arte de amar*, Buenos Aires: Paidós, 1998.

GALENDE, E. (1992) *Historia y repetición. Temporalidad subjetiva y actual modernidad*, Buenos Aires: Paidós.

GLASMAN, G. (1991) *El odio en la elección de objeto*, en *Acerca del amor y el odio en las configuraciones vinculares*. Buenos Aires: Asociación Argentina de Psicología y Psicoterapia de Grupo.

GREEN, A. (1997) *Las cadenas de Eros*, Buenos Aires, Amorrortu, 1998.

GRINBERG, L. y GRINBERG, R. (1980) *Identidad y Cambio*, Barcelona: Paidós.

GRINBERG, L. (1985) *Teoría de la identificación*, Madrid, Tecnipublicaciones, S. A.

GRUNBERGER, B. (1975) *El narcisismo*. Buenos Aires: Trieb, 1979.

INDA, N. (1995) Género y psicoanálisis de pareja, del libro "*Psicoanálisis y género*", Buenos Aires: Lugar Editorial (2000).

JULIEN, P. (1990) *Del padre,* Montevideo: Seminario de Psicoanálisis.

KLEIN, M. (1969) *Envidia y gratitud. Emociones básicas del hombre*, Buenos Aires, Horme.

KLEINER, y PACHUK, C. (1996) "Sexualidad y conyugalidad", en *La pareja,Encuentros, Desencuentros y Reencuentros*, Buenos Aires: Paidós.

LACHAUD, D. (1998) *Celos un estudio psicoanalítico de su diversidad*, Buenos Aires, Nueva Visión, 2000.

LAMOVSKY, C. S. (1997) Amor, deseo y pulsión en los destinos de la pareja, del libro *Psicoanálisis de pareja. Del amor y sus bordes*, Buenos Aires: Paidós.

LIPOVETSKY, G. (1983) *La era del vacío*, Barcelona: Anagrama, 1986.

MALUGANI, P. (1998) Los celos, en *Las patologías de fin de siglo*, VII Congreso Internacional Grupo Cero, Buenos Aires, Editorial Grupo Cero.

MARINI, M. C. (2012) *Sobre el incesto paterno filial*, Monografía.

MATUS, S. (1996) "Tres registros del cuarto término de la estructura familiar inconciente: Intercambio - Narcisismo - Angustia", en *Familia e inconciente*. Buenos Aires: Paidós.

MELER, I. (1995) El ejercicio de la sexualidad en la posmodernidad. Fantasmas, prácticas y valores, del libro *Psicoanálisis y género*, Buenos Aires: Lugar Editorial (2000).

MILANO, G., WINOGRAD, M. (1997) *Pareja parental: estructura y temporalidad en la construcción de la subjetividad,* Buenos Aires: Asociación Argentina de Psicología y Psicoterapia de Grupo.

MILMANIENE, J. E. (1998) *Extrañas parejas. Psicopatología de la vida erótica*, Buenos Aires, Paidós.

MORAVIA, S. (1995) Existencia y pasión, del libro *"Historia de las pasiones"*, Buenos Aires: Editorial Losada (1998)

NACHT, S. (1967) *La presencia del psicoanalista*. Buenos Aires: Proteo.

PAULUZZI, L. (2012), *El impacto del abuso infantil*, Monografía

PITTMAN, F. (1989) *Mentiras privadas. La infidelidad y la traición de la intimidad*, Buenos Aires, Amorrortu, 1994.

PLATÓN, (178-223) *El Banquete*, Madrid: Alianza Editorial.

POMMIER, G. (1989) *El orden sexual*, Buenos Aires: 1995, Amorrortu Editores.

POMMIER, G. (2015) *Qué quiere decir hacer el amor*. Editorial Paidós, Buenos Aires.

RASCOVSKY, A. (1981) *El filicidio*, Buenos Aires: Ediciones Orión.

ROJAS, M. y STENBACH, C (1994) Ideología y alineación en la cultura actual, en *Entre dos siglos, una lectura psicoanalítica de la posmodernidad*, Bs.As.: Lugar editorial.

RUESCH, J. (1964) *Comunicación terapéutica*, Buenos Aires: Paidós.

SCHILDER, P. (1935) *Imagen y apariencia del cuerpo humano*. Buenos Aires: Paidós, 1958.

SPITZ, R. A. (1954) *El primer año de vida del niño*, Madrid: Aguilar, 1961.

STACOLCHIC, R. (1999) El amor: entre obsesiones, muerte, y familias, del libro: *Escenas, causas y razones de la vida erótica*, Buenos Aires: Letra viva, 2003.

TEICHER, M. (1992) *Teoría vincular del narcisismo*. Buenos Aires: Grupo Editor Latinoamericano.

VEYNE, P. (1985) "El imperio romano" en *Historia de la vida privada*, Vol.I, cap.1, Buenos Aires: Taurus, 1991.

ZIRLINGER, S. (2000) *Semblantes y destinos de la violencia psicológica*, Psicoanálisis APdeBA - Vol. XXII - Nº 2.

Periódicos

Abusó durante 12 años de su hija y tuvo 3 hijos con ella. Clarin.com 04/09/2014.

Alex Skeel torturado por su esposa. Relato en primera persona que Skeel le contó a Sophie Haydock, de BBC Three. Redacción BBC News Mundo, 18 febrero 2019.

Asesinó a su bebé después de parirlo y lo tiró a la basura. El doce TV. 08/9/ 2017.

Condenaron a un ex legislador fueguino a 12 años de prisión por el crimen de un bebé. Clarin.com 14/06/2013.

Condenan a prisión perpetua a un obrero que mató a su bebé a golpes. A su mujer la absolvieron por el beneficio de la duda. Clarín, 11-7-2001.

Condenan a 3 años y nueve meses a Julieta Silva, pero no irá a prisión. La Capital de Mar del Plata: 3/9/2018

Con el padrastro. La Gaceta, Martes 10 de Abril de 2012.

Confirman perpetua a un empresario por el asesinato de su ex esposa de 66 puñaladas. La Capital, Jueves 14 de Junio de 2018.

Denunció a su esposa por maltrato y en la comisaría se burlaron de él: murió tras ser apuñalado. Clarín.com. 24/06/2017

Detenida una pareja por el asesinato de su recién nacido en Valencia. El mercantil valenciano 22/9/2013.

Dio a luz en su casa y mató a la beba arrojándola por la ventana. El doce TV. 07/9/2017.

Dio a luz en su cuarto y asesinó a su bebe con la ayuda de la abuela. https://www.minutouno.com/ 07 de junio de 2017.

El caso Jesica. Página/12, 30 de abril de 2012

Femicidio en Trelew. Su ex novio le propinó unas 20 puñaladas. La Capital, Sábado 16 de Junio de 2018.

Fue condenado por degollar a sus hijos. El Litoral, 7/9/2001.

Habló la mujer que le cortó el pene a su amante con una tijera: "Quería herirlo ahí" Clarín.com: 22/04/2018.

La fiscalía pidió prisión perpetua para Nahir Galarza: La Capital 26/6/2018

La madre fue estrangulada y creen que lo mismo pasó con su beba. La voz del interior, Córdoba, 20/12/2013.

Madre e hija mataron de 185 cuchillazos a su esposo y padre. Télam, Sábado, 16 de marzo de 2019

Menor violada por su padre, su padrastro y su abuelo. La Gaceta, Jueves 02 de Agosto de 2012.

Pareja mata a golpes a su bebé. Canal 3 17/10/2018.

Piden 11 años de prisión por una tentativa de femicidio. La Capital. Miércoles 31 de Octubre de 2018.

Preso por violar a sus tres hijas cuando eran chicas. La Capital 21/8/07

Se suicidó tras degollar a su hija de dos años. La Capital 6/1/1999.

Se suicidó una mujer que ahogó a su hijo para vengarse de su marido. Infobae, 16/04/2012.

Tiene 20 años y mató a su novia por celos con 113 puñaladas. La Nación, 29 de mayo de 1996.

Un belga mató a sus cinco hijos y al amante de su esposa. La Capital, 20/1/2002.

Una mujer denunció a su ex pareja por zamarrear a su bebé hasta matarlo. Clarin.com 10/11/2018.

Una mujer le cortó el pene a su esposo. http://www.lr21.com.uy/justicia/437845-una-mujer-le-corto-el-pene-a-su-esposo

Una pareja condenada por violar y torturar a sus hijos. Clarín, 19/6/97.

Violó y embarazó 12 veces a su hija: lo condenaron a 35 años de prisión. Clarín, 07/01/2016